Kauderwelsch
Band 11

W0464434

Impressum

Jürg Ottinger
Portugiesisch – Wort für Wort
erschienen im
REISE KNOW-HOW Verlag Peter Rump GmbH
Osnabrücker Str. 79, 33604 Bielefeld

© Peter Rump
8.Auflage 1999
Konzeption, Gliederung, Layout und Umschlagklappen wurden speziell für die Reihe „Kauderwelsch" entwickelt und sind urheberrechtlich geschützt.
Alle Rechte vorbehalten.

Bearbeitung Peter Rump
Umschlag Peter Rump (Foto: Wolfram Schwieder)
Layout-Konzept Günter Pawlak, FaktorZwo! Bielefeld
Layout Günter Pawlak
Fotos Wolfram Schwieder
Druck und Bindung Fuldaer Verlagsanstalt GmbH, Fulda

ISBN 3-89416-486-7
Printed in Germany

Dieses Buch ist erhältlich in jeder Buchhandlung der BRD, Österreichs, der Niederlande und der Schweiz. Bitte informieren Sie Ihren Buchhändler über folgende Bezugsadressen:

BRD Prolit GmbH, Postfach 9, D-35461 Fernwald (Annerod) sowie die Barsortimente
Schweiz AVA-buch 2000, Postfach 27, CH-8910 Affoltern
Österreich Mohr Morawa GmbH, Sulzengasse 2, A-1060 Wien
Benelux Assimil Benelux, 5-7 Rue des Pierres, B-1000 Bruxelles

Wer im Buchhandel kein Glück hat, bekommt unsere Bücher direkt bei: **Rump Direktversand**, Heidekampstraße 18, 49809 Lingen (Ems)

Zu diesem Buch ist eine **Tonband-Kassette** erhällich. Näheres dazu auf Seite 16.

Kauderwelsch

Jürg Ottinger

Portugiesisch

Wort für Wort

REISE KNOW-HOW
im Internet
www.reise-know-how.de
Aktuelle Reisetips
und Neuigkeiten,
Ergänzungen nach
Redaktionsschluß,
Büchershop und
Sonderangebote
rund ums Reisen

Der
REISE KNOW-HOW Verlag
Peter Rump GmbH
ist Mitglied der
Verlagsgruppe REISE KNOW-HOW

Kauderwelsch-Sprechführer sind anders!

Warum? Weil sie Sie in die Lage versetzen, wirklich zu sprechen und die Leute zu verstehen.

Wie wird das gemacht? Abgesehen von dem, was jedes Sprachbuch bietet, nämlich Vokabeln, Beispielsätze etc., zeichnen sich die Bände der Kauderwelsch-Reihe durch folgende Besonderheiten aus:

Die **Grammatik** wird in einfacher Sprache so weit erklärt, daß es möglich wird, ohne viel Paukerei mit dem Sprechen zu beginnen, wenn auch nicht gerade druckreif.

Alle Beispielsätze werden doppelt ins Deutsche übertragen: zum einen **Wort-für-Wort,** zum anderen in „ordentliches" Hochdeutsch. So wird das fremde Sprachsystem sehr gut durchschaubar. Denn in einer fremden Sprache unterscheiden sich z. B. Satzbau und Ausdrucksweise recht stark vom Deutschen. Ohne diese Übersetzungsart ist es so gut wie unmöglich, schnell einzelne Wörter in einem Satz auszutauschen.

Die **Autorinnen** und **Autoren** der Reihe sind Globetrotter, die die Sprache im Land selbst gelernt haben. Sie wissen daher genau, wie und was die einfachen Leute auf der Straße sprechen. Deren Ausdrucksweise ist nämlich häufig viel einfacher und direkter als z. B. die Sprache der Literatur.

Besonders wichtig sind im Reiseland die **Körpersprache, Gesten, Zeichen und Verhaltensregeln,** ohne die auch Sprachkundige kaum mit Menschen in guten Kontakt kommen. In allen Bänden der Reihe wird darum besonders auf diese Art der nonverbalen Kommunikation eingegangen.

Kauderwelsch-Sprechführer sind keine Lehrbücher, aber viel mehr als Sprachführer! Wenn Sie ein wenig Zeit investieren und einige Vo kabeln lernen, werden Sie mit ihrer Hilfe in kürzester Zeit Informationen bekommen und Erfahrungen machen, die „taubstummen" Reisenden verborgen bleiben.

Inhalt

Konversation

Anhang

Falas português? (Sprichst Du Portugiesisch?) Schon mit wenigen Worten Portugiesisch findet man Zugang zu einer Umwelt, die sonst abwartend und gesichtslos, immer freundlich, aber verschlossen auf Eindringlinge reagiert.

Mit einem einfachen bom dia (guten Tag) weckt man Interesse, man wird für einen winzig kleinen Moment als Mensch faßbar und ist nicht nur ein Vorbeiziehender, der für Einkommen sorgt oder Verwirrung stiftet.

Vor vielen Jahren begann ich, mich mit der portugiesischen Sprache zu befassen. Ich belegte einen sechsmonatigen Abendkurs in Zürich. Die Lehrerin, brasilianisch sprechend, vermittelte erste wichtige Anfänge wie bom dia (guten Tag), muito prazer (sehr erfreut), como se chama (wie heißen Sie) nebst vielen anderen wichtigen Wörtern und Sätzen.

Sechs Monate erlebte ich in Portugal die große Enttäuschung: Ich verstand die Portugiesen im Norden des Landes nicht oder nur sehr schlecht. Jetzt begann der zweite Teil des Lernens. Ich beobachtete die Portugiesen auf den Straßen, in Kaffeehäusern, begann Radio zu hören und schaute in Restaurants im Fernsehen Kindersendungen und andere einfache Geschichten an. So gewöhnten sich meine Ohren an den Klang der portugiesischen Sprache und gleichzeitig verbesserte sich die eigene Ausdrucksfähigkeit.

Und dann war es an der Zeit, erneut Lehrbücher hervorzuholen, um die Basiskenntnisse auszuweiten. Die erhältlichen Lehrbücher sind leider alle vollgestopft mit Grammatik und einer Sprache, die nur in gebildeten Kreisen, in den großen Städten, gesprochen wird. So lernte ich menor (kleiner) und wurde von Portugiesen korrigiert: das hieße mais pequeno (mehr klein). So mußte ich mühsam die neue Grammatik für Alltagsgespräche erlernen. Dieses Büchlein vermittelt genau das an Grammatik, was nötig ist, um sich in die melodiöse portugiesische Sprache einzuarbeiten.

Bereits vom fünften Schuljahr an lernen die Kinder der portugiesischen Schulen ein oder zwei Fremdsprachen. Weiter strahlt das Fernsehen sehr viele englische Filme und Serien in Originalsprache mit portugiesischen Untertiteln aus. So verwundert es nicht, daß ein Tourist auf den beliebtesten Routen ohne Portugiesisch bestens auskommt. Will man aber auf eigene Faust Land und Leute kennenlernen und erleben, sind portugiesische Sprachkenntnisse unbedingt notwendig.

Gebrauchsanweisung

Der Aufbau ist so gehalten, daß man überall einsteigen kann und durch die **Wort-für-Wort-Übersetzung** sofort verstehen lernt.

Die ersten Kapitel führen in die portugiesische Sprache ein. Man lernt die ersten wichtigen Wörter, auf denen man aufbauen kann. Der Grammatikteil enthält Beispielsätze, welche die Anwendung erklären. Weiter findet man Hinweise, wenn man gewisse Grammatikteile überspringen und erst bei Bedarf durcharbeiten kann.

Ich empfehle, anfänglich nur die Gegenwart zu benutzen. Beim Sprechen in der Gegenwart fällt dann irgendwann auf, daß die Portugiesen bestimmte Verben auf eine unbekannte Art gebrauchen. Will man zum Beispiel eine Flasche Wein einkaufen, wird der Händler dann fragen: „Trouxe a garrafa vazia?" oder nur „Trouxe?". Das heißt: „Brachten Sie eine leere Flasche zurück?". Jetzt ist es an der Zeit, den Händler zu fragen: „Eu não percebo trouxe. O que é?". Der Händler wird erklären, daß trouxe vom Verb trazer kommt.

Jetzt hat man schon einige Anhaltspunkte, um im Grammatikteil auf die Lösung zu stoßen: unregelmäßiges Verb trazer, historische Vergangenheit 3. Person trouxe herbeigebracht, mitgebracht).

So baut sich aus vielen kleinen Einzelsteinchen ein immer komplexer werdendes Sprachgebilde auf. All die Gegenstände, die anfänglich coisa (Sache) heißen, bekommen irgendwann einen exakten Namen.

Bei ausländischen Kindern, die in Portugal neu in die Schule gehen, sind folgende Worte sehr beliebt: fazer bem (gut machen). Überall, wo etwas erreicht werden muß, reichen diese Worte anfänglich aus: Reparatur am Auto, Tisch im Restaurant abwischen, Bett machen in der Pension usw..

Also: „Faz bom trabalho." (Mach gute Arbeit.)

Zahlen

Um den Umgang mit Zahlen zu erleichtern, wird auf jeder Kauderwelsch-Seite die Seitenzahl auch auf portugiesisch gezählt!

Umschlagklappe

Die Umschlagklappe hilft, die wichtigsten Sätze und Formulierungen stets parat zu haben. Hier finden sich auch die wichtigsten Angaben zur Aussprache; weiterhin eine kleine Liste der wichtigsten Fragewörter, Richtungs- und Zeitangaben. – Wer ist nicht schon einmal aufgrund mißverstandener Gesten im fremden Land auf die falsche Fährte gelockt worden?

Aufgeklappt ist der Umschlag eine wesentliche Erleichterung, da nun die gewünschte Satzkonstruktion mit dem entsprechenden Vokabular aus den einzelnen Kapiteln kombiniert werden kann.

Wenn alles nicht mehr weiterhilft, dann ist vielleicht das Kapitel „Nichts verstanden? – Weiterlernen!" der richtige Tip. Es befindet sich ebenfalls im Umschlag, stets bereit, mit der richtigen Formulierung für z. B. „Ich verstehe leider nicht." oder „Können Sie das bitte wiederholen?" auszuhelfen.

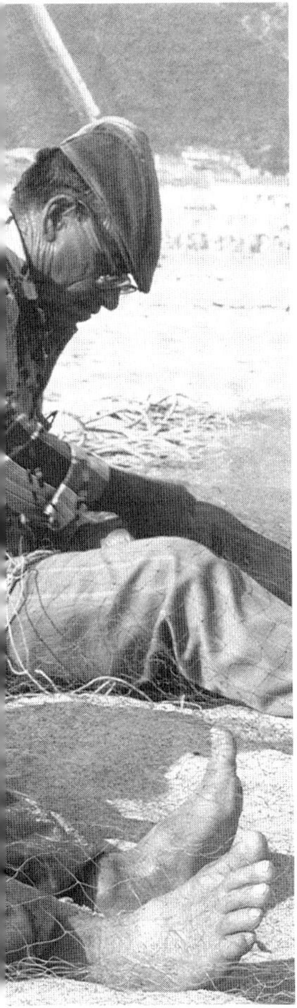

Die Portugiesen

Portugal ist ein kleines Land. Ungefähr ein Zehntel der Bevölkerung lebt und arbeitet im Ausland. Portugal ist ein Schmelztiegel von Einheimischen, Rückkehrern aus den ehemaligen Kolonien, heimgekehrten Gastarbeitern aus aller Welt und einigen Einwanderern aus Brasilien und vielen niedergelassenen Ausländern.

Offenheit zeichnet das Verhalten vieler Portugiesen aus. Sehr schnell stellen sie persönliche Fragen, die sich in unseren Herkunftsländern nicht ziemen würden. Die Neugier basiert auf Interesse und Anteilnahme. Falls man mehr über die Alltagssituation der Portugiesen wissen möchte, fragt man zurück. Hilfsbereitschaft, wenn jemand z. B. etwas sucht, geht oft so weit, daß die Portugiesen ein Stück oder den ganzen Weg mitgehen.

Viele Handlungen der Ausländer versteht der Portugiese nicht. Er gibt sich aber deswegen nicht ablehnend. Er toleriert viel mehr, als in der Schweiz z. B. Ausländern zugestanden wird.

Im persönlichen Kontakt zu Portugiesen stößt man aber immer wieder an eine natürliche Grenze, die nur durchschreitbar wird, wenn ein tieferer Bezug entsteht oder gegeben ist; wenn z. B. der Portugiese im Ausland war und Ihre Sprache spricht oder der Portugiese hat gleichaltrige Kinder, die mit Ihren Kindern spielen.

Portugiesen drücken sich immer höflich aus: o senhor (der Herr), com prazer (mit Vergnügen), sempre às ordens (immer zu Ihrer Verfügung), se quiser (wenn Sie wünschen).

Pünktlichkeit ist nicht gefragt. Um 9 Uhr, wenn die Ämter öffnen, treffen die Angestellten erst langsam ein. Jeder schüttelt jedem die Hand.

Agressiv reklamieren, so wurde ich belehrt, sei unhöflich, auch wenn z. B. bestellte Ware nicht angekommen ist. Paciência, talvez amanhã (Mit Geduld, vielleicht morgen).

Auf das äußere Aussehen legen die Portugiesen Wert. Saubere, wenigstens geflickte Kleider, verlangt in Portugal dem Budget einer Familie beträchtliche Summen ab. Entsprechend fällt es den Portugiesen auf, wenn Ausländer, die sich eine Reise leisten können, verlumpt auftreten. Wenn ein Portugiese sich schon mal eine Reise leisten kann, dann, bitte schön, nur in den besten Klamotten! Ausländer gelten daher immer als Reiche - ob das zutrifft oder nicht. Neid kennt der Portugiese deswegen nicht. Er kauft sich ja oft ein Los. Und wenn er Glück hat, wechselt er bei der nächsten Ziehung von den Armen zu den Reichen. Ein vielzitiertes Wort sagt, daß Portugal das Armenhaus von Europa ist. Diese Aussage hat eine gewisse Berechtigung. Letzten Endes hängt das aber vom Blickwinkel ab, was arm ist und was nicht.

Finanziell gesehen, mag Portugal arm sein, dafür bietet es eine intaktere Natur (wie lange noch?).

Aussprache/Betonung

Zwei Schwellen sind zu überwinden

Man muß verstanden werden:
Das Wort Thermometer läßt sich vom Deutschen ins Portugiesische übertragen: termómetro. Wenn man aber wie im Deutschen betont, wird man nicht verstanden. Der Schlüssel zum richtigen Betonen liegt oberhalb vom „**o**": das kleine Zeichen ‘. Daran erkennt man, auf welcher Silbe betont wird. Anfangs braucht es viel Überwindung, um gegen die Gewohnheit zu betonen.

Man muß verstehen lernen:
Der Kellner sagt beim Kassieren z. B. die Zahlen 66 und 76 so schnell, daß es oft schwer ist, herauszuhören, was gemeint ist: sessenta e seis (66), setenta e seis (76).

Am besten ist es, die Leute beim Sprechen zu beobachten, sich die Sendungen im Fernsehen anzuschauen, die Leute zu bitten, langsam zu sprechen: „Por favor, fale mais devagar." (Bitte sprechen Sie langsamer.) und die Zahlen zu wiederholen, wenn der Kellner im Café den Preis nennt.

Kauderwelsch-Begleitkassette

Falls Sie sich die Sätze, die in diesem Buch vorkommen, einmal von einem Muttersprachler gesprochen anhören möchten, können Sie sich die ***Kauderwelsch-Begleitkassette*** *zu diesem Buch besorgen, die über jeden Buchhändler zu beziehen ist. Sie bekommen sie aber auch beim Rump Direktversand, Heidekampstr. 18, D-49809 Lingen (Ems). Kostenpunkt: DM 14,80 plus DM 4,50 für Porto und Verpackung.*

Wichtigste Regeln zur Betonung

Wörter, die auf einen **Vokal enden,** werden auf der vorletzten Silbe betont: abelha.

Wörter, die auf einen **Konsonanten enden,** werden auf der **letzten Silbe** betont: hotel. (Ausnahmen: -am, -em, -as, -es, -os, z. B. abelhas, Mz.).

Wörter, deren **Endungen nasal** gesprochen wird, werden auf der letzten Silbe betont: caixão.

Wichtigste Regeln zur Aussprache

Vokale

o wird am Ende des Wortes als **u** ausgesprochen. Beispiel: câmbio (Geldwechsel), **e** wird am Wortende nur gehaucht, auch wenn ein s folgt. **Mehrfachvokale** werden immer streng getrennt gesprochen. Beispiel: ba-irro (Altstadt).

Vokale folgender Art werden nasal ausgesprochen: **ã, õ.** Beispiel: pensão (Pension), pensões (Pensionen). In der Endung **ões** wird das **e** in der Aussprache zu **i.**

Besondere Aufmerksamkeit verlangen einsilbige Wörter, die auf **em** oder **ens** enden. Beispiel: bem (gut, adverbial gebraucht). Tu tens (du hast), ele tem (er hat). Ausgesprochen wird **em** nasal als **ei, ens** als **eis**. Weiter werden im häufig benutzten Wort bom (gut) die Buchstaben om nasal als ou ausgesprochen.

c	**a, o** und **u**: wie k, z. B. Coca Cola, cavalo (Pferd), conta (Rechnung), curto (kurz), vor **e** und **i** wird c zu ss: cedo (früh), fácil (einfach)
ç	wird zu ss: almoço (Mittagessen)
ch	wird zu sch: cheque (Scheck)
g	vor **e** und **i** wie stimmhaftes sch: gelado (Speiseeis), girassol (Sonnenblume)
h	bleibt immer stumm: hora (Stunde)
j	wird zu stimmhaften sch: hoje (heute)
lh	wird zu li: espelho (Spiegel), Olhão (Ort bei Faro)
m	weist am Wortende auf Nasalierung des vorausgehenden Vokals hin: homem (Mann), das **m** wird als fast unhörbares ng ausgesprochen
nh	wird zu nj: vinho (Wein)
qu	wird zu k vor **e** und **i**: que (daß), quilo (Kilo)
sc	wird immer zu sch + k: pescador (Fischer) oder zu sch + ß: nascido (geboren)
v	wird immer zu stimmhaftem w: deve ser (wird sein)
x	wird gewöhnlich zu sch: xadrez (Schach) oder ss: proxima (nächste). Ausnahme: Taxi
z	wird zu weichem s am Wortanfang und zwischen Vokalen: zero (Null), dizer (sagen). Am Wortende wird **z** zu sch: voz (Stimme)

Körpersprache

In der portugiesischen Sprache nimmt die Körpersprache einen wichtigen Platz ein. Wenn man gut beobachtet, verrät die Körpersprache viel über den Gemütszustand des Gesprächspartners. Gewisse Gesten ersetzen sogar Wörter.

Zum Beispiel

■ faßt sich der Portugiese an das Ohrläppchen, spitzt den Mund zu und reißt die Augen auf, wenn er etwas besonders gut findet.

■ winkt der Portugiese mit dem Zeigefinger oder dem kleinen Finger ab, wenn er mit einer Sache nicht einverstanden ist. Die Bewegung kann mit dem Wörtchen crias (glaubtest) begleitet werden.

■ streift der Portugiese abwechselnd mit der einen Hand über die andere, Handinnenfläche nach unten, um auszudrücken, daß eine Sache nichts taugt oder sehr schnell zum eigenen Vorteil erledigt wurde.

Vier Wörter, die weiterhelfen

Onde é? Wo ist?

Wenn man etwas sucht, beginnt man mit **onde é** und hängt an, was man sucht.

Onde é um hotel?	Wo ist ein Hotel?
Onde é uma farmácia?	Wo ist eine Apotheke?
Onde é o sanitário?	Wo ist die Toilette?

Há? Gibt es?

Wenn man unsicher ist, ob es ein Ding in einem Geschäft oder wo auch immer gibt, fragt man mit **há?**.

Há pão?	Gibt es Brot?
Que há para comer?	Was gibt es zum Essen?
Há chá?	Gibt es Tee?

Quero ... Ich möchte ...

Wenn man sicher ist, daß die gewünschte Sache erhältlich ist, verlangt man mit **quero**, was man gerne möchte:

Quero uma cerveja.	Ich möchte ein Bier.
Quero um quarto.	Ich möchte ein Zimmer.
Quero um bilhete para Évora.	Ich möchte eine Fahrkarte nach Évora.

Quanto custa? Wieviel kostet?

Um zu bezahlen, fragt man: **„Quanto custa?"**

Quanto custa isto?
Wieviel kostet das?

Oder man erkundigt sich mit dieser Frage nach einem Preis:

Quanto custa o quarto?
Wieviel kostet das Zimmer?
Quanto custa o quilo?
Wieviel kostet das Kilo?

Wenn man sich alles gut gemerkt hat, kommt man mit dem neu Gelernten recht weit. Jetzt sollte man mit der Grammatik beginnen oder die Konversationsbeispiele anwenden, und sich erst mit der Grammatik befassen, wenn man die Notwendigkeit verspürt.

pois, pois

Hat der Portugiese alles verstanden, so antwortet er mit: Pois, pois. Was soviel heißt wie „ja, ja", „so, so", „So ist es!"

Zur Abwechslung streut der Portugiese sim, senhor ein, unabhängig davon, ob es sich um eine Frau oder einen Mann handelt oder sagt **é é,** was soviel heißt wie „ist ist".

Verwandte Sprachen

Französisch

l'avion	**avião**	Flugzeug
apprendre	**aprender**	lernen
vinaigre	**vinagre**	Weinessig

Italienisch

vacca	**vaca**	Kuh
prezzo	**preço**	Preis

Spanisch

juego	**jogo**	Spiegel
jugar	**jogar**	spielen
playa	**praia**	Strand
azul	**azul**	blau

Hauptwörter, Artikel, Mehrzahl

a praia	der Strand
as praias	die Strände
uma praia	ein Strand
umas praias	einige Strände
o barco	das Boot
os barcos	die Boote
um barco	ein Boot
uns barcos	einige Boote

Bestimmter Artikel

o (männlich), **a** (weiblich)

Beachte:
Die Substantive sind weiblich oder männlich.

Unbestimmter Artikel

um (männlich), **uma** (weiblich)

Mehrzahlbildung

Am Artikel und am Wort wird ein **s** angehängt.
Ausnahme: **um + s** wird zu **uns:**

um homem	ein Mann
uns homens	einige Männer

Besonderheiten:
Wenn ein Wort auf **r, s** *und* **z** *endet, wird in der Mehrzahl* **es** *angehängt.*

a mulher	die Frau
as mulheres	die Frauen
o país	das Land
os países	die Länder
a luz	das Licht
as luzes	die Lichter

Wenn ein Wort auf **al, ol, ul** *oder* **el** *endet, wird in der Mehrzahl* **-is** *angehängt, das* **l** *fällt dann weg.*

o papel	das Papier
os papéis	die Papiere

Die Endung **ao** *wird zu* **ões:**

a consumação	der Verzehr
as consumações	die Verzehre

Die richtige Aussprache der Endung ist zu beachten: **ç** wird wie ß ausgesprochen, **ão** und **ões** nasal, **ão** als ãu, **ões** als õisch.

Präpositionen und Artikel

verschmelzen in der portugiesischen Sprache. Gebräuchlichste Präpositionen sind **a, de** und **em.**

a + Artikel:

o pai	der Vater	**a água**	das Wasser
ao pai	dem Vater	**à água**	dem Wasser

a +o wird zu **ao,** **a + a** zu **à**

de + Artikel:

o mar	das Meer	**a casa**	das Haus
do mar	des Meeres	**da casa**	des Hauses

de + o wird zu **do,** **de + a** zu **da**

em + Artikel:

o copo	das Glas	**a caixa**	die Schachtel
no copo	im Glas	**na caixa**	in der Schachtel

em + o wird zu **no,** **em + a** zu **na**

Die **Mehrzahl** wird durch Anhängen von einem Endungs **-s** gebildet: às águas - den Wassern.

Eigenschaftswörter (Adjektive)

Das Eigenschaftswort richtet sich in Geschlecht und Zahl nach dem Hauptwort. Weibliche Form, männliche Form und Mehrzahl bilden sich wie bei den Hauptwörtern.

Stellung des Eigenschaftswortes

o velho amigo	ein langjähriger Freund
o amigo velho	ein (an Jahren) alter Freund

Mit **vorgestelltem Adjektiv** werden Gefühle betont, mit **nachgestelltem Adjektiv** Eigenschaften unterschieden.

uma vista linda	eine schöne Aussicht
o bom tempo	das schöne Wetter
os lugares livres	die freien Plätze

Umstandswörter (Adverbien)

Eigenschaftswörter kann man adverbial gebrauchen, indem der weiblichen Form die Endung -mente anhängt wird:

o comboio rápido	der schnelle Zug
o comboio anda rapidamente.	Der Zug fährt schnell.

Zwei wichtige Eigenschaftswörter (EW) decken sich nicht mit dem Umstandswort (UW):

o bom vinho	der gute (EW) Wein
o vinho cheira bem.	Der Wein riecht gut (UW).
o mau rapaz	der schlechte (EW) Junge
o rapaz porta-se mal.	Der Junge benimmt sich schlecht (UW).

Eigenschaftswort:		Umstandswort:
bom	gut	**bem**
mau	schlecht	**mal**

Steigern und Vergleichen

Steigern

Am liebsten verwendet der Portugiese den Superlativ, besonders, wenn es um Preise geht. Bei knapp 10% Inflation werden laufend Preise angepaßt, im Gegensatz zu den Löhnen, die nur hinkend, wenn überhaupt, mitziehen.

caro	teuer
mais caro	teurer
a/o mais caro	die/der teuerste
caríssimo/a	die/der allerteuerste
muito caro	sehr teuer

Gesteigert wird also mit mais (mehr) oder o mais (am meisten). Für den absoluten Superlativ verändert sich die Endung: íssimo (weibl.: mais, a mais, ...íssima). In der Mehrzahl wird einfach ein **-s** angehängt.

Wichtige Eigenschaftswörter mit unregelmäßiger Steigerung

bom **boa**	**melhor**	**o melhor** **a melhor**	**óptimo** **óptima**	gut
grande **grande**	**maior**	**o maior** **a maior**	**máximo** **máxima**	groß
pequeno **pequena**	**menor**	**o menor** **a menor**	**mínimo** **mínima**	klein

muito **muita**	**mais**	**o mais** **a mais**	**muitíssimo** **muitíssima**	viel
pouco **pouca**	**menos**	**o menos** **a menos**	**pouquíssimo** **pouquíssima**	wenig
mau **má**	**pior**	**o pior** **a pior**	**péssimo** **péssima**	schlecht

Und wie sieht die Praxis aus? Leute, die nicht allzulange in der Schule waren, verwenden nur wenige Formen der unregelmäßigen Steigerungen. Zum Beispiel geht man Schuhe einkaufen und verlangt kleinere: Preciso menores (ich brauche kleinere). Die Verkäuferin versteht aber nicht. Man wiederholt und sie erinnert sich: Ah, mais pequenos!

Vergleichen

Einfache Vergleiche lassen sich mit **do que** bilden.

Este vinho é mais barato do que o outro?
dieser Wein ist mehr billig als der andere?
Ist dieser Wein billiger als der andere?

Este quarto é mais caro do que o outro.
dieses Zimmer ist mehr teuer als das andere.
Dieses Zimmer ist teurer als das andere.

Persönliche Fürwörter

eu	ich	**nós**	wir
tu	du	**vós**	sie
ele	er	**eles**	sie (m, Mz)
ela	sie	**elas**	sie (w, Mz)
você	Sie	**vocês**	Sie (Mz)

Die persönlichen Fürwörter werden nur in folgenden Fällen unbedingt gebraucht:

■ Wenn eine Verwechselung möglich ist.
■ Um zu verstärken: Sou eu (Ich bin's!).
■ Für 'Sie' wird im allgemeinen o senhor (der Herr) oder a senhora (die Dame) verwendet. Unbekannte Leute oder Respektspersonen werden mit o senhor, a senhora angesprochen, nur unter gleichgestellten, gegenüber niedrigergestellten Personen und unter Personen, die sich gut kennen, ist você gebräuchlich.

Verben

Zwei wichtige Verben für die Umgangssprache sind schon bekannt:

Há ... ?
Gibt es ... ?

Quero ...
Ich möchte ...

Nach quero kann man z. B. ein Verb anhängen. Das Verb wird unmittelbar angehängt.

Há água?
(er-/sie-)hat Wasser
Gibt es Wasser?

Quero beber uma água.
(ich-)will trinken eine Wasser
Ich möchte Wasser trinken.

Há bananas?
(er-/sie-)hat Bananen
Gibt es Bananen?

Quero um quilo de bananas.
(ich-)will ein Kilo von Bananen
Ich möchte ein Kilo Bananen.

Nach quero kann der Name der Sache anhängt werden, die man möchte. Oder, wenn man den Namen der Sache nicht weiß, kann man folgende Wendung gebrauchen:

Quero um quilo disso.
(ich-)will ein Kilo von-das
Ich möchte ein Kilo davon.

Weit reicht das aber nicht. Sobald man sich ein bißchen unterhalten will oder kompliziertere Wünsche anbringen möchte, muß man Verben kennen und konjugieren können!

Verben

-ar	**lavar**	waschen	**perguntar**	fragen
-er	**comer**	essen	**beber**	trinken
-ir	**abrir**	öffnen	**pedir**	bitten

Regelmäßige Verben / Gegenwart

-ar

lav-ar	waschen
lav-o	ich wasche
lav-as	du wäscht
lav-a	er/sie wäscht, Sie waschen
lav-amos	wir waschen
lav-ais	ihr wascht
lav-am	sie waschen, Sie waschen

-er

com-er	essen
com-o	ich esse
com-es	du ißt
com-e	er/sie ißt, Sie essen
com-emos	wir essen
com-eis	ihr eßt
com-em	sie essen, Sie essen

-ir

abr-ir	öffnen
abr-o	ich öffne
abr-es	du öffnest
abr-e	er/sie öffnet, Sie öffnen
abr-imos	wir öffnen
abr-is	ihr öffnet
abr-em	sie öffnen, Sie öffnen

Hoje, eu lavo as roupas.
heute ich (ich-)wasche die Kleider
Ich wasche heute die Wäsche.

Tu lavas, hoje?
du (du-)wäscht heute
Du wäscht heute?

O senhor já comeu?
der Herr schon (er-)aß
Haben Sie schon gegessen?

Oder, wenn es sich um einen Bekannten handelt, mit dem man aber in der Höflichkeitsform verkehrt:

Você já comeu?
Sie schon (er-)aß
Haben Sie schon gegessen?

unregelmäßige Verben / Gegenwart

dar geben	**dizer** sagen	**fazer** machen	**ir** gehen	**poder** können
dou	**digo**	**faço**	**vou**	**posso**
dás	**dizes**	**fazes**	**vais**	**podes**
dá	**diz**	**faz**	**vai**	**pode**
damos	**dizemos**	**fazemos**	**vamos**	**podemos**
dais	**dizeis**	**fazeis**	**ides**	**podeis**
dão	**dizem**	**fazem**	**vão**	**podem**

pôr legen, setzen, stellen	**saber** wissen	**ver** sehen	**vir** kommen
ponho	**sei**	**vejo**	**venho**
pões	**sabes**	**vês**	**vens**
põe	**sabe**	**vê**	**vem**
pomos	**sabemos**	**vemos**	**vimos**
pondes	**sabeis**	**vedes**	**vindes**
põem	**sabem**	**vêem**	**vêm**

Hilfsverben

estar sein, im Sinne von sich befinden, z. B. im Bus, im Restaurant, auf einem Platz sowie gesundheitliches Befinden

ser sein, im Sinne von dauernd sein, z. B. Wohnort, Herkunftsland, fester Arbeitsplatz, Mensch sein, einer Rasse angehören

ter haben, im Sinne von besitzen, **ter** wird wie das deutsche Wort haben verwendet, z. B. etwas besitzen, Hunger haben, Geld haben, heiß haben (schwitzen), kalt haben (frieren)

Das vierte Hilfsverb haver (haben), kommt in der Alltagssprache selten vor. Die eine gebräuchliche Form há (es gibt) wurde schon erwähnt.

Beugung (Konjugation) / Gegenwart

estar	ser	ter	
estou	**sou**	**tenho**	ich
estás	**és**	**tens**	du
está	**é**	**tem**	er, sie, Sie
estamos	**somos**	**temos**	wir
estais	**sois**	**tendes**	ihr
estão	**são**	**tem**	sie, Sie

Aussprache von **tens** = teingsch
tem = teing
têm = te-eing

Und jetzt ein Beispiel, daß alle drei Verben umfaßt:

Eu sou da Alemanha, estou em Portugal e tenho calor.
ich (ich-)bin von Deutschland (ich-)bin in Portugal und (ich-)habe Hitze
Ich komme aus Deutschland, bin jetzt in Portugal und schwitze.

Momentane Handlung

Mit dem Verb estar + Grundform drückt man auch aus, daß man im Moment etwas macht:

Eu estou a comer.
ich (ich-)bin zu essen
Ich bin am Essen./Ich esse gerade.

Die 2. Person Mehrzahl kann vollkommen ersetzt werden, indem man dafür die 3. Person Mehrzahl in Verbindung mit vocês anwendet.

Die Zeiten

Sobald man zu erzählen beginnt, reicht die Gegenwart nicht mehr aus. Man muß weitere Zeitformen lernen.

Zukunft

Die einfachste Form ist, das Verb **ir** (gehen) und Grundform eines Verbes zu gebrauchen:

Amanhã vou nadar.
morgen (ich-)gehe schwimmen
Ich gehe morgen schwimmen.

Vamos comer juntos esta noite?
(wir-)gehen essen zusammen diese Nacht
Gehen wir heute abend zusammen essen?

Der „Umweg“ mit der **ir**-Form hat den Vorteil, daß keine Extraformen für die unregelmäßigen Verben gelernt werden müssen.

Regelmäßige Verben setzt man durch anhängen folgender Silben an die Grundform in die Zukunft:

Die unregelmäßigen Verbendungen erspare ich uns.

ei	z. B.	**comerei**
ás		**comerás**
á		**comerá**
emos		**comeremos**
eis		**comereis**
ão		**comerão**

Vergangenheit

Eine brauchbare Form bildet man in Verbindung mit dem Hilfsverb **ter** (haben) und dem Partizip Perfekt des Verbes:

Bildung des Partizip Perfekt:

Verben auf **-ar** :	**lavar** wird zu **lavado**
Verben auf **-er** :	**comer** wird zu **comido**
Verben auf **-ir** :	**proibir** wird zu **proibido**

Leider, leider bildet sich bei den auf **ir** endenden Verben das Partizip Perfekt mehrheitlich unregelmäßig.

z. B.: **abrir** wird zu **aberto**

Tenho lavado as roupas.
(ich-)habe gewaschen die Kleider
Ich habe die Wäsche gewaschen.

Já tenho comido muitas sardinhas e ainda tenho fome.
schon (ich-)habe gegessen viele Sardinen und noch (ich-)habe Hunger
Ich habe schon viele Sardinen gegessen und immer noch Hunger.

Diese Vergangenheit liegt unmittelbar zurück. Sie eignet sich schlecht, um aus früherer Zeit zu erzählen, ist aber als Behelf brauchbar und wird verstanden. Wie im Beispiel mit den Sardinen dauert der Zustand des Essens an. Im Beispiel mit dem Waschen ist anzunehmen, daß diese Person unmittelbar vorher gewaschen hat.

Die wichtigen Formen der Vergangenheit sind das historische Perfekt und der Imperfekt.

historisches Perfekt

Mit dem historischen Perfekt werden abgeschlossene Handlungen der Vergangenheit ausgedrückt.

Regelmäßige Verben im historischen Perfekt

lavar (-ar) waschen	**comer (-er)** essen	**abrir (-ir)** öffnen
lavei	**comi**	**abri**
lavaste	**comeste**	**abriste**
lavou	**comeu**	**abriu**
lavámos	**comemos**	**abrimos**
lavastes	**comestes**	**abristes**
lavaram	**comeram**	**abriram**

Hilfsverben im historischen Perfekt

ser	**estar**	**ter**
fui	**estive**	**tive**
foste	**estiveste**	**tiveste**
foi	**esteve**	**teve**
fomos	**estivemos**	**tivemos**
fostes	**estivestes**	**tivestes**
foram	**estiveram**	**tiveram**

Wichtige unregelmäßige Verben im historischen Perfekt:

dar geben	**dizer** sagen	**fazer** machen	**ir** gehen	**poder** können
die	**disse**	**fiz**	**fui**	**pude**
deste	**disseste**	**fizeste**	**foste**	**pudeste**
deu	**disse**	**fez**	**foi**	**pôde**
demos	**dissemos**	**fizemos**	**fomos**	**pudemos**
destes	**dissestes**	**fizestes**	**fostes**	**pudestes**
deram	**disseram**	**fizeram**	**foram**	**puderam**

querer mögen	**saber** wissen	**trazer** herbringen	**ver** sehen	**vir** kommen	**pôr** legen, stellen, setzen
quis	**soube**	**trouxe**	**vi**	**vim**	**pus**
quiseste	**soubeste**	**trouxeste**	**viste**	**vieste**	**puseste**
quis	**soube**	**trouxe**	**viu**	**veio**	**pôs**
quisemos	**soubemos**	**trouxemos**	**vimos**	**viemos**	**pusemos**
quisestes	**soubestes**	**trouxestes**	**vistes**	**viestes**	**pusestes**
quiseram	**souberam**	**trouxeram**	**viram**	**vieram**	**puseram**

Ontem nadei uma hora.
gestern (ich-)schwamm eine Stunde
Gestern habe ich eine Stunde geschwommen.

Já comeste?
schon (du-)aßest
Hast du schon gegessen?

Imperfekt

Mit dem Imperfekt werden Handlungen ausgedrückt, die in der Zukunft weitergehen.

Eu trabalhava 5 anos na Alemanha.
Ich (ich-)arbeitete 5 Jahre in Deutschland
Ich arbeite seit fünf Jahren in Deutschland.
(Er wird nach seinen Ferien weiter in Deutschland arbeiten.)

Eu tomava banho quando ele entrou.
Ich (ich-)nahm Bad als er (er-)eintrat
Ich war gerade in der Badewanne, als er hereinkam.
(In diesem Fall dauert die begonnene Handlung an, wenn eine neue Handlung eintritt.)

Regelmäßige Verben im Imperfekt

lavar (-ar) Waschen	**comer (-er)** Essen	**abrir (-ir)** öffnen
lavava	**comia**	**abria**
lavavas	**comias**	**abrias**
lavava	**comia**	**abria**
lavávamos	**comíamos**	**abríamos**
laváveis	**comíeis**	**abríeis**
lavavam	**comiam**	**abriam**

Wichtige unregelmäßige Verben im Imperfekt:

pôr legen, stellen, setzen	**vir** kommen
punha	**vinha**
punhas	**vinhas**
punha	**vinha**
púnhamos	**vínhamos**
púnheis	**vínheis**
punham	**vinham**

Hilfsverben im Imperfekt:

ser	**estar**	**ter**
era	**estava**	**tinha**
eras	**estavas**	**tinhas**
era	**estava**	**tinha**
éramos	**estávamos**	**tínhamos**
éreis	**estáveis**	**tínheis**
eram	**estavam**	**tinham**

Bedingungsform (Konditional)

Das Imperfekt tritt in der Umgangssprache oft an die Stelle der Bedingungsform.

Eu gostava de ser rico.
ich (ich-)liebte zu sein reich
Ich würde gerne reich sein.

Eu gostava de comprar um carro.
ich (ich-)liebte zu kaufen ein Auto
Ich würde gerne ein Auto kaufen.

Das Konditional wird sonst so gebildet: Verb in der Grundform + Endung **-ia, -ias, -ia, -íamos, -íeis, -iam,** *z. B.:* eu gostaria.

Höflichkeitsform

unter Verwendung des Imperfekts:

O senhor podia ajudar-me?
der Herr (er-)könnte helfen-mir
Könnten Sie mir helfen?

Desejava fazer-lhe um favor.
(ich-)wünschte machen-Ihnen ein Gefallen
Ich würde Ihnen gerne einen Gefallen tun.

Tinha que te encontrar à noite.
(ich-)hatte daß dich treffen zu-die Nacht
Ich müßte Dich heute abend treffen.

Satzbildung

Oft kann man direkt aus dem Deutschen übertragen, also Subjekt - Prädikat - Objekt. Ausnahmen:

Wenn in einem Satz zwei Verben vorkommen, stehen sie immer beisammen:

Começamos a aprender português.
(wir-)beginnen zu lernen Portugiesisch
Wir fangen an, Portugiesisch zu lernen.

Das gleiche gilt, wenn ein Satz verneint wird. Die Verneinung steht immer vor den Verben:

Queres ir comigo?
(du-)willst gehen mit-mir
Möchtest Du mit mir kommen?

Não quero ir contigo.
nicht (ich-)will gehen mit-dir
Ich möchte nicht mit Dir gehen.

dieses + jenes

isto, isso, aquilo
stehen nie direkt vor dem Hauptwort

isto	das hier (dieses), greifbar im Bereich des Sprechenden
isso	das da (dieses), greifbar im Bereich des Angesprochenen
aquilo	das dort (jenes), entfernt vom Sprechenden und vom Angesprochenen

Que é isto?
Was ist das?

Isto é um jornal.
Das ist eine Zeitung.

Que é aquilo?
Was ist das dort?

Aquilo é uma revista.
Das ist eine Zeitschrift.

Weitere Möglichkeiten, nach einer Sache zu fragen:

Como se chama isso?
wie sich (er-/sie-)ruft dieses
Wie heißt das?

Isso é um guarda-sol.
dieses (er-)ist ein Sonnenschirm
Das ist ein Sonnenschirm.

Im Zusammenhang mit einem Substantiv werden folgende Demonstrativpronomen verwendet:

nahe beim Sprechenden	nahe beim Angesprochenen	entfernt
este, esta	**esse, essa**	**aquele, aquela**
estes, estas	**esses, essas**	**aqueles, aquelas**

Die Bedeutung ist die gleiche, nur unterscheiden wir jetzt männlich, weiblich und Mehrzahl je nach verwendetem Substantiv.

Queres provar este bolo?
(du-)willst probieren dieser Kuchen
Möchtest du diesen Kuchen probieren?

Sim, obrigado, quero provar esse bolo.
ja danke (ich-)will probieren dieser Kuchen
Ja, danke, ich möchte diesen Kuchen probieren.

Jetzt noch zwei Feinheiten:

aquele	jener	**naquele**	in jenem

Aquele restaurante é bom?
Ist das Restaurant dort gut?

Besser:
Naquele restaurante come-se bem?
in-jener Restaurant (er-/sie-)ißt-man gut
Ißt man in dem Restaurant dort gut?

esta	diese	**desta**	von dieser

Esta sopa é boa.
Diese Suppe ist gut.

Besser: **Eu gosto desta sopa.**
ich (ich-)gernhabe von-diese Suppe
Ich habe diese Suppe gern.

Merke: **em** (wird zu **na** oder **no** = in) und **de** lassen sich mit allen behandelten Demonstrativpronomen verbinden (vgl. Präpositionen).

hier + dort

onde?	wo?
aqui, cá	hier
lá, aí	dort
ali	dort (weiter entfernt)

Onde é o meu lugar?
wo (er-)ist der mein Platz
Wo ist mein Platz?

O seu lugar é lá.
der sein Platz (er-)ist dort
Ihr Platz ist dort.

Onde está a minha sombra?
wo (sie-)ist die meine Schatten
Wo ist mein Schattenplatz?

Am Strand werden oft Schattenplätze vermietet.

Cá	**Não, ali!**
Hier?	Nein, dort drüben!

Merke:
Hier oder dort? Das lernt man schnell, wenn man auf die Handbewegungen des Antwortenden schaut.

Weitere wichtige Wörter zur Ortsbestimmung

dentro	innerhalb
fora	außerhalb
atrás	hinten
em + o = no	im (in dem)
em + a = na	in der ...

em frente	vorne, gegenüber
no outro lado	auf der anderen Seite
ao lado de	nebenan
em parte alguma	irgendwo
por toda a parte	überall
em cima de	oberhalb
em baixo de	unterhalb
no saco	im Sack
na caixa	in der Schachtel

Besitzanzeigende Fürwörter

De quem é esta mochila?
von wem (sie-)ist diese Rucksack
Wem gehört dieser Rucksack?

Esta mochila é a minha.
diese Rucksack (sie-)ist die meine
Dieser Rucksack gehört mir.

Qual é a sua mala? .
welche (sie-)ist die seine Koffer
Welcher ist Ihr Koffer?

A minha é esta.
die meine (sie-)ist diese
Das ist meiner.

	Einzahl m	Einzahl w	Mehrzahl m	Mehrzahl w
mein(e)	**o meu**	**a minha**	**os meus**	**as minhas**
dein(e)	**o teu**	**a minha**	**os teus**	**as tuas**
sein(e)/ihr(e)	**o seu**	**a tua**	**os seus**	**as suas**
unser(e)	**o nosso**	**a nossa**	**os nossos**	**as nossas**
euer(e)	**o vosso**	**a vossa**	**os vossos**	**as vossas**
ihr(e)/Ihr(e)	**o seu**	**a sua**	**os seus**	**as suas**

Falta o seu passaporte.
(er-)fehlt der sein Paß
Ihr Paß fehlt.

Já dei ontem à noite o meu passaporte ao empregado.
schon (ich-)gab gestern zu-die Nacht der mein Paß zu-der Angestellte
Ich habe dem Angestellten schon gestern abend meinen Paß gegeben.

Achtung!
Die besitzanzeigenden Fürwörter werden immer mit dem Artikel verwendet und richten sich in Zahl und Geschlecht nach dem Hauptwort.

Rückbezügliche Fürwörter

lavo-me	ich wasche mich
lavas-te	du wäschst dich
lava-se	er/sie wäscht sich
lavamo-nos	wir waschen uns
lavais-vos	ihr wascht euch
lavam-se	sie waschen sich

Die Fürwörter im Dativ, Akkusativ und nach Präpositionen behandeln wir hier nicht. Um damit etwas anzufangen, braucht es schon sehr gute Basiskenntnisse und ein umfangreicheres Buch, um all den Ausnahmen und Sonderfällen gerecht zu werden.

Zahlen/zählen

Erinnern Sie sich an die vier Wörter, die weiterhelfen?
Eines davon heißt:

Quanto custa? Wieviel kostet das?

Wenn man die Antwort verstehen will, muß man die Zahlen lernen:

0	**zero**
1	**um, uma**
2	**dois, duas**
3	**três**
4	**quatro**
5	**cinco**
6	**seis**
7	**sete**
8	**oito**
9	**nove**
10	**dez**
11	**onze**
12	**doze**
13	**treze**
14	**catorze**
15	**quinze**
16	**dezasseis**
17	**dezassete**
18	**dezoito**
19	**dezanove**
20	**vinte**

30	trinta
40	quarenta
50	cinquenta
60	sessenta
70	setenta
80	oitenta
90	noventa
100	cem
101	cento e um, -a
199	cento e noventa e nove
200	duzentos, -as
300	trezentos, -as
400	quatrocentos, -as
500	quinhentos, -as
600	seiscentos, -as
700	setecentos, -as
800	oitocentos, -as
900	novecentos, -as
1000	mil
2000	dois mil/duas mil
10000	dez mil
100000	cem mil

1.	primeiro,a -a
2.	segundo, -a
3.	terceiro, -a
4.	quarto, -a
5.	quinto, -a
6.	sexto, -a
7.	sétimo, -a
8.	oitavo, -a
9.	nono, -a

Maße/Mengen

um par	ein Paar
uma dúzia	ein Dutzend
um conto	1000
dois contos	2000
60 e tal	60 und etwas

dois e três são cinco
(2 + 3 = 5)

oito menos quatro são quatro
(8 - 4 = 4)

três vezes três são nove
(3 x 3 = 9)

dez divididos por dois são cinco
(10 : 2 = 5)

miligrama	Milligramm
grama	Gramm
un quarto de quilo	ein Viertelkilo
meio quilo	ein halbes Kilo
quilo	Kilo
tonelada	Tonne
tonelada bruta	Bruttoregistertonne
decílitro	Deziliter
litro	Liter
hectolitro	Hektoliter

milímetro	Millimeter
centímetro	Zentimeter
decímetro	Dezimeter
metro	Meter
légua marítima	Seemeile
metro quadrado	Quadratmeter
milímetro cúbico	Kubikmillimeter
metro cúbico	Kubikmeter
are	Ar
hectare	Hektar

muito	viel
pouco	wenig
tudo	alles
mais	mehr
menos	weniger
bastante	genug
apenas	nur
tanto	soviel
demais	zu viel
algo	etwas
pelo menos	mindestens
ao menos	wenigstens

Geld

o dinheiro	Geld
a massa	Geld
a nota	Geldschein
as moedas	Geldstücke
o troco	Wechselgeld
x	(gesprochen „schisch") Geldmenge, die man nicht genau kennt, wie Schmiergeld, Schwarzgeld, ungenannte Summe

Münzen:	**1 Escudo** **2,5 Escudos (25 tostões)** **5, 10, 20, 100, 200 Escudos**
Scheine:	**500 Escudos** **1000 Escudos (1 conto)** **5000 Escudos (5 contos)** **10000 Escudos (10 contos)**

Die Begriffe in Klammern sind ebenso gebräuchlich. Bei größeren Beträgen wird fast immer „contos" *gezählt.*

Uhrzeit/Zeitbegriffe

Portugiesen sind nicht besonders pünktlich:

Vou encontrar-te entre as cinco e as cinco e meia.
(ich-)gehe treffen-dich zwischen die fünf und die fünf und halbe
Ich treffe dich dann zwischen 5 und halb 6.

Wenn Portugiesen den Zug oder Bus verpassen, sind sie ganz erstaunt, daß der Fahrplan eingehalten wurde. Und sie murmeln:

Mas normalmente a camioneta está atrasada.
aber normalerweise die Bus (sie-)ist verspätet
Normalerweise kommt der Bus immer zu spät.

hoje	heute
amanhã	morgen
cedo	früh
depois	später
quando	als, wann
em	in
desde	seit
ontem	gestern
tarde	spät
agora	jetzt
logo	gleich
entre	zwischen
até	bis

as horas (Uhrzeit)

Que horas são?
was Stunden (sie-)sind
Wie spät ist es?

É uma hora (da manhà).
(sie-)ist eine Stunde (von-die Morgen)
Es ist 1 Uhr (morgens).

São duas horas (da tarde).
(sie-)sind zwei Stunden (von-die Nachmittag)
Es ist 2 Uhr (nachmittags).

São três e cinco.
(sie-)sind drei und fünf
Es ist fünf nach 3.

É meio-dia/meia-noite.
(er-)ist halber-Tag/halbe-Nacht
Es ist Mittag/Mitternacht.

Sáo cinco e meia.
(sie-)sind fünf und halbe
Es ist halb sechs.

São dez para as duas.
(sie-)sind für die 2
Es ist 10 vor 2.

São onze e um quarto.
(sie-)sind elf und ein Viertel
Es ist 1/4 nach 11.

É um quarto para o meio-dia.
(er-)ist ein Viertel für der halbe-Tag
Es ist 1/4 vor 12 (mittags).

Merke:
Wir sagen „es ist soundsoviel Uhr", der Portugiese sagt „es sind soundsoviele Stunden".

A que horas sai o comboio para o Porto?
zu was Stunden (er-)abfährt der Zug für der Porto
Um wieviel Uhr fährt der Zug nach Porto ab?

Às quatro e onze da tarde.
zu-die vier und elf von-die Nachmittag
Um 11 nach 4 (nachmittags).

Às dezasseis e onze.
zu-die sechzehn und elf
Um 16.11 Uhr.

a semana	**die Woche**
segunda-feira	Montag
terça-feira	Dienstag
quarta-feira	Mittwoch
quinta-feira	Donnerstag
sexta-feira	Freitag
sábado	Samstag
domingo	Sonntag

Feira *heißt Markttag und kann weggelassen werden. Also: für Montag* segunda *usw.*

Que dia é hoje?
Welcher Tag ist heute?

Hoje é segunda.
Heute ist Montag.

o mês **der Monat**

janeiro	**julho**
fevereiro	**agosto**
março	**setembro**
abril	**outubro**
maio	**novembro**
junho	**dezembro**

o ano **das Jahr**

mil novecentos e noventa e oito 1998

a primavera	der Frühling
o verão	der Sommer
o outono	der Herbst
o inverno	der Winter

o mês **der Monat**

de manhã	morgens
durante o dia	tagsüber
de tarde	nachmittags
à noite	abends, nachts
há dois dias	vor zwei Tagen
daqui a quatro dias	in vier Tagen
a semana passada	letzte Woche
na próxima semana	in der nächstenWoche
o fim-de-semana	Wochenende
o dia feriado	Feiertag
o aniversário	Geburtstag
o mês inteiro	der ganze Monat

Fragen

Der Fragesatz sieht genauso aus wie der Aussagesatz. Nur die Satzmelodie verändert sich.

Tomamos um táxi.	**Tomamos um táxi?**
(wir-)nehmen ein Taxi	*(wir-)nehmen ein Taxi*
Wir nehmen ein Taxi.	Nehmen wir ein Taxi?

Ein Fragewort wird dem Satz vorangestellt:

Vamos comer.	**Onde vamos comer?**
(wir-)gehen essen	*wo (wir-)gehen essen*
Wir gehen essen.	Wo gehen wir essen?

Wenn ein Fragewort in Zusammenhang mit einem Hauptwort benutzt wird, tauschen Verb und Hauptwort den Platz:

Este barco vai à ilha da Armona.
dieser Schiff (er-)geht zu-die Insel von Armona
Dieses Schiff fährt zur Insel Armona.

Para onde vai este barco?
für wo (er-)geht dieser Schiff
Wohin fährt dieses Schiff?

Fragewörter

woher, wohin

Donde vens?
von-wo (du-)kommst
Woher kommst du?

Venho da Áustria.
(ich-)komme von Österreich
Ich komme aus Österreich.

Aonde vais?
zu-wo (du-)gehst
Wohin fährst du?

Vou a Lisboa.
(ich-)gehe zu Lissabon
Ich fahre nach Lissabon.

wann

Quando vais para a praia?
wann (du-)gehst für die Strand
Wann gehst du an den Strand?

„Quando vais …“ kann ersetzt werden durch **„A que horas …“.**

was, womit, warum, wofür, welcher, wie

Que quer tomar?
was (er-/sie-)will nehmen
Was möchten Sie trinken?

Quero ... Ich möchte ...

Com que (coisas) fazes tu esta sopa?
mit was (Sachen) (du-)machst du diese Suppe
Womit machst Du diese Suppe?

Eu faço ... Ich mache ...

Porque não passas na minha casa?
warum nicht (du-)vorbeigehst in-die meine Haus
Warum kommst du nicht bei mir vorbei?

Porque eu não tenho tempo.
weil ich nicht (ich-)habe Zeit
Weil ich keine Zeit habe.

Para que serve esta coisa?
für was (sie-)dient diese Sache
Wozu dient dieses Ding?

Serve para ...
(sie-)dient für
Es dient zu ...

Qual é a sua profissão?
welche (sie-)ist die seine Beruf
Was sind Sie von Beruf?

Como se faz* este bolo?
wie man (er-)macht dieser Ku.
Wie macht man diesen Kuchen?

Faz-se ...
(er-)macht-man
Man macht ...

** Beachte:*
Jetzt haben Sie die Form „man ...“ kennengelernt. **Vende-se** *heißt also „man verkauft“.*

wer, wem, wen, wessen

Quem tem uma casa para alugar?
wer (er-/sie-)hat eine Haus für vermieten
Wer hat ein Haus zu vermieten?

É o homen, que mora na vivenda azul.
(er-)ist der Mann der (er-)lebt in-die Haus blau
Das ist der Mann, der im blauen Haus wohnt.

A quem pertence este terreno?
zu wer (er-)gehört dieser Grundstück
Wem gehört dieses Land?

A quem encontrou ontem?
zu wer (er-/sie-)traf gestern
Wen haben Sie gestern getroffen?

Encontrei ...
(ich-)traf
Ich traf ...

Der Wes-Fall (Genitiv) wird oft umgangen:

De quem é este barco?
von wer (er-)ist dieser Schiff
Wessen Schiff ist das?, Wem gehört dieses S.?

É do rapaz, cujo pai tem o restaurante.
(er-)ist von-der Junge dessen Vater (er-)hat der Restaurant
Das ist von dem Jungen, dessen Vater das Restaurant hat.

Bejahen, verneinen, zweifeln

Sim, eu sei.
Ja, ich weiß.

Não, eu não sei.
Nein, ich weiß nicht.

O senhor tem a carta de conduçao?
der Herr (er-)hat die Karte von Führung
Haben Sie einen Führerschein?

Com certeza!
mit Sicherheit
Natürlich!

Vocês saem amanhã ou ficam mais uma noite?
Sie (sie-)abfahren morgen oder (sie-)bleiben mehr eine Nacht
Reisen Sie morgen ab oder bleiben Sie noch eine Nacht?

Ainda não sabemos, talvez fiquemos.
noch nicht (wir-)wissen vielleicht (wir-)bleiben
Wir wissen es noch nicht, vielleicht bleiben wir.

certamente	gewiß
com certeza	ganz gewiß
sem dúvida	ohne Zweifel
nunca	nie
nunca mais	nie wieder
de nenhuma maneira	keineswegs
talvez	vielleicht
possivelmente	möglicherweise
quem sabe	wer weiß

Graças a Deus!
Por fim, a maldita gramática acabou!
Danke zu Gott
für Ende die verfluchte Grammatik (sie-)aufhörte
Gott sei Dank!
Endlich ist die verflixte Grammatik zu Ende!

Die erste Unterhaltung dürfte sich um alltägliche Bedürfnisse drehen. Am besten schaut man zunächst, wie sein Nachbar im Restaurant bestellt; beobachtet die Leute, wie sie sich untereinander anreden und grüßen, welche ersten Worte sie wechseln. Daraus zieht man den größten Nutzen. Alle folgenden Beispiele geben einen Rahmen, in dem sich ein erster Wortwechsel bewegen könnte.

Der beste Rat, den ich geben kann, ist zuhören, zuhören, zuhören! Die Menschen in der Nachbarschaft, auf der Straße und in den Kaffees sind die vorzüglichsten Lehrer!

Ansprechen, Begrüßen

Eine veraltete Anrede kommt noch in Schriftstücken vor: Vossa Excelência *(= Ihre Excelenz). Seit dem 25. April 1974 sind ja in Portugal alle Leute gleich, und somit braucht es solche veraltete Zöpfe nicht mehr(?). So erklärte es mir Eduardo.*

o senhor	der Herr
os senhores	die Herren
a senhora	die Dame
as senhoras	die Damen
Dona Hilda	Frau Hilda
menina	Mädchen (Fräulein)
você	Sie (unter Bekannten)
vocês	Sie (Mz.)
bom dia	guten Tag (bis Mittagessen)
muito bom dia	einen wunderschönen guten Tag
boa tarde	guten Nachmittag (bis Sonnenuntergang)
boa noite	guten Abend, gute Nacht

Wenn jemand seinen Namen nennt, handelt es sich meistens um den Vornamen. Das gleiche empfehle ich: Wenn man nach dem Namen gefragt wird, nennt man den Vornamen oder alle Namen.

Und dann wird so angesprochen: o senhor Jürg oder você. Die Regeln sind etwa gleich wie in Deutschland. Mit etwas Taktgefühl liegt man nicht daneben.

Como vai?	Wie geht's?
Passou bem?	Geht's gut?
Tudo bem?	Alles gut?
mais ou menos	so la la
obrigado	danke
tudo bem	alles gut
olá	hallo
tchau	tschüß
adeus	auf Wiedersehen
saúde	Gesundheit
até já	bis gleich
até logo	bis später
até depois	bis nachher
até outra vez	bis zum nächsten Mal
até segunda	bis Montag
sempre às ordens	immer zu Diensten
muito prazer	sehr erfreut

Bom dia, o senhor, como vai?
guter Tag der Herr wie (er-)geht
Guten Tag, wie geht es Ihnen? (zum Mann)

Mais ou menos.
mehr oder weniger
So la la.

Olá Elsa. Tudo bem?
hallo Elsa alles gut
Hallo Elsa, alles in Ordnung?

Olá Verena, estou cansado e tu?
hallo Verena (ich-)bin müde und Du
Hallo Verena, ich bin müde, und du?

São os meus amigos Frank e Gaby da Suiça.
(sie-)sind die meine Freunde Frank und Gaby von Schweiz
Das sind meine Freunde Frank und Gaby aus der Schweiz.

São os meus pais.
(sie-)sind die meine Eltern
Das sind meine Eltern.

händeschüttelnd: Portugiesen geben sich sehr gerne die Hände beim Begrüßen.

Muito prazer!
viel Vergnügen
Sehr erfreut!

Muito obrigado. Adeus.
Vielen Dank. Ade.

De nada, sempre às ordens. Adeus.
von nichts immer zu-die Befehle ade
Keine Ursache, immer zu Diensten. Ade.

Das ist meistens ehrlich gemeint und somit keine abgegriffene Floskel.

Boa noite e muito prazer. Até outra vez.
gute Nacht und viel Vergnügen bis andere Mal
Gute Nacht, sehr erfreut. Bis zum nächsten Mal.

So verabschieden sich Leute, die sich neu kennengelernt haben.

Auf sich aufmerksam machen

Portugiesen neigen dazu, ungeduldig zu werden. Wenn sie im Laden z. B. nicht sofort an die Reihe kommen, melden sie sich so:

É a minha vez!
(sie-)ist die meine Mal
Ich bin dran!

Agora sou eu!
jetzt (ich-)bin ich
Jetzt bin ich dran!

Um etwas bitten:

Faça favor ... Bitte ...
Por favor ... Bitte ...

Um den Weg frei zu bekommen:

Com licença! Gestatten Sie?

Um eine Erklärung zu geben:

Vê, ...	Schauen Sie, ...
Sabes, ...	Weißt Du, ...
Espera, ...	Moment mal, ...
Posso explicar, ...	Kann ich erklären, ...

Jemanden rufen:

Ei, menina / rapaz.
He, Mädchen / Junge.

Se faz favor, o senhor!
Bitte, der Herr!

*Ssss, Ssss (zischen) machen Männer, wenn Frauen vorbeigehen. Also nicht darauf hereinfallen! Allerdings ist es auch üblich, auf diese Art Bekannte zu rufen. In Bar oder Café ruft man so Kellner, im Restaurant dagegen sagt man „*chefe*“ (= Kellner).*

Wünschen, Bitten, Verlangen

Se faz favor, arranje-me ...
Bitte, besorgen/beschaffen Sie mir ...

Por favor, quero ...
Ich möchte bitte ...

É possível trazer ...?
(er-/sie-)ist möglich bringen
Kann ich ... haben/bekommen?

Wann auch immer man ein Bedürfnis anmeldet, sollte man die höflichen Formen verwenden. Wenn man seinen Tischnachbarn rufen hört:

„Ó Franco, traz-me o sal!"
He Franco, bring mir das Salz.

kann man annehmen, daß sich beide gut kennen. Man selbst wird folgendermaßen fragen:

Se faz favor, traz-me o sal.
wenn machen(-Sie) Gefallen bringen(-Sie)-mir der Salz
Bringen Sie mir bitte das Salz.

Kleine Unterhaltung

Wenn man in ländlichen Gegenden reist, etwas trinken geht oder übernachten will, wird man oft in kleine Gespräche verwickelt, bei denen die Portugiesen eine ungewohnte Offenheit an den Tag legen.

Welche Nationalität haben Sie?	**Qual é a sua nacionalidade?** *welche (sie-)ist die seine Nationalität*
Ich bin aus der Schweiz.	**Sou da Suiça.** *(ich-)bin von Schweiz*
Ah, sprechen Sie Französisch?	**Ah, parlez vous français?** *ah sprechen Sie Französisch?*
Nein, ich bin aus dem deutschen Teil und spreche nur ein bißchen Französisch.	**Não, sou da parte alemã e só falo um pouco francês.** *nein (ich-)bin von Teil deutsche und nur (ich-)spreche ein wenig Französisch*
Ich habe 10 Jahre in Genf gearbeitet.	**Trabalhei em Genebra 10 anos.** *(ich-)arbeitete in Genf 10 Jahre*
Die Schweiz ist reich.	**A Suiça é rica.** *die Schweiz (sie-)ist reich*
Ja, sie ist gut zum Arbeiten und Geldverdienen	**Sim, é bom para trabalhar e ganhar dinheiro.** *ja (sie-)ist gut für arbeiten und verdienen Geld.*

Meistens ist das Wetter nicht so toll.

Normalmente o tempo naõ está óptimo.
normalerweise der Wetter nicht (er-)ist optimal

Ist das Ihre Frau?

A senhora é a sua esposa?
die Frau (sie-)ist die seine Ehefrau

Ja, das ist meine Frau.

Sim, é a minha esposa.
ja (sie-)ist die meine Ehefrau

Verheiratet hin oder her, das Gegenteil kann man schlecht beweisen, wenn Kinder dabei sind.

Sind das Ihre Kinder?

São suas filhas?
(sie-)sind seine Kinder

Ich habe eine Tochter, die verheiratet ist und in Deutschland lebt.

Eu tenho uma filha, que está casada e vive na Alemanha.
ich (ich-)habe eine Tochter die (sie-)ist verheiratet und (sie-)lebt in Deutschland

Ich habe zwei Enkel.

Tenho dois netos.
(ich-)habe zwei Enkel

Wie alt sind die Enkel?

Quantos anos têm os netos?
wieviele Jahre (sie-)haben die Enkel

Sie sind 5 und 8 Jahre alt.

Um tem 5 e o outro tem 8 anos.
ein (er-)hat 5 und der andere (er-)hat 8 Jahre

Kleine Unterhaltung

Weiteres Beispiel einer kleinen Unterhaltung:

Sind Sie in Urlaub?	**Estão de férias?** *(sie-)sind von Ferien*
Ja, das sind wir.	**Sim, estamos.** *ja (wir-)sind*
Gefällt Ihnen unser Land?	**Gostam do nosso país?** *(sie-)mögen von-der unser Land*
Ja, es gefällt uns sehr.	**Sim, gostamos muito.** *ja (wir-)mögen viel*
Wir genießen die Sonne und die Natur.	**Gostamos do sol e da natureza** *(wir-)mögen von-der Sonne und von-die Natur*
Sind Sie schon lange hier?	**Já estão cá há muito tempo?** *schon (sie-)sind hier (er-/sie-)hat viel Zeit*
Seit zwei Monaten.	**Faz 2 meses.** *(er-/sie-)macht zwei Monate*
Wohin gehen Sie?	**Onde vai?** *wo (er-/sie-)geht*
Was?	**O quê?**
Wohin gehen Sie? Verstehen Sie?	**Para onde vai?** **Percebe?** *für wo (er-/sie-)geht* *(er-/sie-)versteht*

Ich verstehe nicht gut, sprechen Sie bitte langsamer.

Não percebo bem, por favor, fale mais devagar.
nicht (ich-)verstehe gut für Gefallen sprechen(-Sie) mehr langsam

Beachte:
falar/o senhor fala/fale!
„fale“ *ist die Befehlsform von* ***„falar“.*** *Diese Form wurde nicht behandelt.*

Wohnen Sie im Hotel?

Vive no hotel?
(er-/sie-)lebt in-der Hotel

Nein, wir haben ein Zelt.

Não, temos uma tenda.
nein (wir-)haben eine Zelt

Sind Sie auf dem Campingplatz?

Estão no parque de campismo?
(sie-)sind in-der Park von Camping

Nein, wir sind im Wald neben dem Dorf.

Não, estamos na mata ao lado da aldeia.
nein (wir-)sind in-die Wald zu-die Seite von-die Dorf

Haben Sie keine Angst?

Não tem medo?
nicht (sie-)haben Angst

Nein, niemand geht da nachts hin!

Não, ninguém vai lá à noite!
nein niemand (er-/sie-)geht dort zu-die Nacht

Ein Gespräch über das Wetter:

Heute ist es heiß.	**Hoje faz calor.** *heute (er-/sie-)macht Wärme*
Ja, es ist sehr heiß.	**Sim, faz muito calor.** *ja (er-/sie-)macht viel Wärme*
Der Boden braucht Wasser.	**Falta a àgua para a terra.** *(sie-)fehlt die Wasser für die Erde*
Hat es dieses Jahr wenig geregnet?	**Choveu pouco este ano?** *(er-/sie-)regnete wenig dieser Jahr*
Ja, sehr wenig. Alles ist trocken.	**Sim, muito pouco. Tudo está seco.** *ja viel wenig alles (er-)ist trocken*
Heute ist es kalt.	**Hoje está frio.** *heute (er-)ist kalt*
Ja, es ist bewölkt.	**Sim, está nublado.** *ja (er-)ist wolkig*

Im Norden von Portugal kommt es auch im Sommer vor, daß morgens Nebel die Sicht behindert. Ungeachtet dessen, gehen die Leute an den Strand. So gegen Mittag zeigt sich dann normalerweise die Sonne.

Wird es regnen?	**Vai chover?** *(er-/sie-)wird regnen*
Es scheint nicht so.	**Parece que não.** *(er-/sie)scheint daß nicht*

Bis es so rund läuft, braucht es einige Übung. Wenn man es immer wieder probiert, fällt es mit der Zeit leichter.

Man sieht, der Reisende erzählt. Er bringt Abwechslung in den Alltag. Er kommt von Außen, er weiß Neues zu erzählen.

Portugiesen nehmen das Berichtete so, wie es ist. Vormachen muß man nichts. Nur, ab und zu ist es einfacher, das zu bestätigen, was halbwegs stimmt, als in unformulierbare Erklärungen zu verfallen.

Unterwegs ...

... in der Stadt

Wenn man sich erklären läßt, wo sich ein Laden oder ein Hotel befindet, frage man gleichzeitig nach der Farbe des Hauses. Die versteht man sicher. Und weil viele Häuser in einer anderen Farbe bemalt sind, erhält man einen guten Hinweis.

Des öfteren wird man von den Portugiesen ein Stück des Weges begleitet, wenn man etwas sucht. Das ist die sicherste Art, etwas zu finden.

Desculpe, onde fica a estação das camionetas?
entschuldigen(-Sie) wo (sie-)bleibt die Station von-die Busse
Entschuldigen Sie, wo ist die Haltestelle der Überlandbusse?

Vá sempre em frente e vire à direita e a segunda rua à esquerda. Logo na primeira curva fica a (estação) rodoviária.
gehen(-Sie) immer in Front und wenden(-Sie) zu-die rechte
und die zweite Straße zu-die linke
gleich in-die erste Kurve (sie-)bleibt die (Station) Bus
Gehen Sie immer geradeaus, dann nach rechts und die zweite Straße links. Gleich in der ersten Kurve liegt der Busbahnhof.

Qual é a cor do prédio?
welche (sie-)ist die Farbe von-der Gebäude
Welche Farbe hat das Gebäude?

É amarelo.
(er-)ist gelb
Es ist gelb.

as cores (Farben)

Die Farben passen sich in Zahl und Geschlecht dem Hauptwort an.

branco	weiß
amarelo	gelb
vermelho	rot
encarnado	rot
verde	grün
azul	blau
castanho	braun
cinzento	grau
preto	schwarz
louro	blond
claro	hell
escuro	dunkel

estação ferroviára	Bahnhof (Zug)
estação dos comboios	Bahnhof (Zug)
estação das camionetas	Bahnhof (Bus)
estação da rodoviária nacional	Bahnhof (Bus)
paragem de autocarros	Bushaltestelle
cais dos barcos	Schiffssteg
hotel	Hotel
pensão	Pension
loja	Laden
subida	Aufstieg
descida	Abstieg
escada	Treppe
monumento	Denkmal
passagem	Fußgängerstreifen, Durchgang
prédio	Gebäude
vivenda, casa	Haus
árvore	Baum
estrada	Landstraße
rua	Ortsstraße
caminho	Weg
com/sem alcatrão	mit/ohne Teerbelag
travessa	Gasse
avenida	Allee
largo	kleiner öffentlicher Platz
praça (do mercado)	(Markt-)Platz
cruzamento	Kreuzung
semáforo	Verkehrsampel
(reclamo) luminoso	Lichtreklame
à esquerdo, -a	links
à direito, -a	rechts
do outro lado	auf der anderen Seite
ao fundo	am Ende (einer Straße z. B.)

Unterhaltung

cinema	Kino
discoteca	Disco
banda	Musikkapelle
baile	Tanz
festa	Fest
bombeiro	Feuerwehrmann
rancho folclórico	Volksmusikgruppe
esgotado	besetzt
plateia, balcão	Parkett, Balkon
fila	Reihe
central	zentral
mercado, feira	Markt

In vielen Dörfern wird am Samstag ein Tanzabend veranstaltet. Entweder führt „a casa do povo" (Volkshaus), „os bombeiros" (Feuerwehr) oder „uma outra sociedade" (= eine andere Vereinigung) die Veranstaltung durch.

Solche Feste sind lustig. Viele Mütter begleiten ihre Töchter und bestimmen, wer mit ihr tanzen darf. Ganze Familien kommen oft geschlossen. Je ländlicher die Gegend ist, um so mehr bekommt der Abend den Charakter eines Heiratsmarktes. Die Musik schwankt zwischen altmodisch und modern. Das Licht ist meistens grell.

Tem baile nesta freguesia no sábado?
(er-)hat Tanz in-diese Gemeinde in-der Samstag
Gibt es in dieser Gemeinde am Samstag Tanz?

Die Kinos zeigen Filme in der Originalsprache. Außer in den großen Städten wird fast ausschließlich Sex & Crime gezeigt.

Onde é o cinema?
wo (er-)ist der Kino
Wo ist das Kino?

Quero um lugar na fila 9, central.
(ich-)will ein Platz in- die Reihe 9, zentral
Ich möchte einen Platz in der 9. Reihe Mitte.

Die alten Lichtspielhäuser sind vom „Kino steril" noch weit entfernt. Oft gibt es im Ort ein altes Kino oder ein neues und ein altes.

Die „Pumpenleute" (bomba = *Pumpe) löschen nicht nur Feuer, sie transportieren auch Kranke und Verletzte, veranstalten Ausstellungen und Samariterkurse und organisieren Feste.*

... mit öffentlichen Verkehrsmitteln

Auf den **Flugplätzen** ist das Personal auf Englisch eingestellt. Wenn das Personal ein ausländisches Gesicht erkennt, braucht man Hartnäckigkeit und sehr gute Sprachkenntnisse, um sich auf portugiesisch zu behaupten.

avião	Flugzeug
aeroporto	Flugplatz
voo	Flug
chegada	Ankunft
partida	Abflug

Sobald man aus dem Flughafen heraus ist, helfen die Portugiesisch-Kenntnisse weiter.

carro	Auto
autocarro	Stadtbus
camioneta	Überlandbus
comboio	Zug
eléctrico	Straßenbahn
metro	U-Bahn
barco	Schiff
bicicleta	Fahrrad
mota	Motorrad
dar boleia	Autostop
ir a pé	zu Fuß gehen
bilheteira	Fahrkartenschalter
primeira classe	1. Klasse
segunda classe	2. Klasse

suplemento	Aufschlag
fumador	Raucher
não fumador	Nichtraucher
ida e volta	hin und zurück
preço	Preis
directo	direkt
ocupado	besetzt
reservar	vorbestellen
informação	Information
entrada	Eingang
saída	Ausgang, Abfahrt
partir, sair	abfahren
chegada	Ankunft
chegar	ankommen
parar	anhalten
devagar	langsam
rápido	schnell
mudar	wechseln
atrasado	verspätet
cais	Bahnsteig
paragem	Haltestelle
a próxima/última paragem	die nächste/letzte Haltestelle
o primeiro/último autocarro	der erste/letzte Bus
ligação	Anschluß
casa de banho/sanitária	Toilette, WC
homens	Männer
senhoras	Frauen

Wann fährt der nächste Zug nach ...?	**A que horas parte o próximo comboio para ...?** *zu was Stunde (er-)abfährt der nächste Zug für*
Ich möchte nach ...	**Quero ir para ...** *(Ich-)will gehen für*
Wieviel kostet eine Rückfahrkarte 2. Klasse nach ...?	**Quanto custa ida e volta de segunda classe para ...?** *wieviel (er-)kostet hin und zurück von 2. Klasse für*
Ich möchte an der nächsten Haltestelle aussteigen.	**Quero sair na próxima paragem.** *(ich-)will aussteigen in-die nächste Haltestelle*
Wo muß man zum Bus nach ... umsteigen?	**Onde é preciso mudar de autocarro para ...** *wo (er-)ist nötig wechseln von Autobus für*
Dieser Bus fährt nach ...	**Este autocarro vai para ...** *dieser Bus (er-)geht für*
Wohin fährt er?	**Para onde vai?** *für wo (er-)geht*
Hat er Anschluß nach ...?	**Tem ligação para ...?** *(er-)hat Verbindung für*

Bus

Wenn man mit dem Bus reist, hat man den Vorteil, daß man immer im Zentrum ankommt. Im Gegensatz dazu befinden sich die Bahnhöfe oft außerhalb der Dörfer. Dann muß man den Weg ins Dorf zu Fuß bewältigen oder ein Taxi nehmen (falls vorhanden).

Expreßbus

Wenn man nicht mit Expreßbussen fährt, geht es gemütlich zu. Der Fahrplan ist so eingeteilt, daß halsbrecherische Fahrten ausbleiben. Auf längeren Strecken gibt es oft Stationen, wo etwas länger angehalten wird und die Zeit für einen Kaffee und einen Snack reicht. Die Busse kurven mangels Autobahnen und genügend Umgehungsstraßen oft durch die Dörfer, was sehr abwechslungsreich ist.

Taxi

Taxifahren ist in Portugal, verglichen zu Deutschland, sehr billig und lohnenswert. Taxen gibt es genügend. Wenn der Fahrer vor der Fahrt einen Pauschalpreis absprechen möchte, nicht darauf hereinfallen! Das kommt immer teurer!

Não quero um preço fixo.
nicht (ich-)will ein Preis fest
Ich möchte keinen Festpreis.

Wenn das Taxi nicht mit Uhr ausgerüstet ist, werden die gefahrenen Kilometer mal Kilometerpreis gerechnet.

Achtung:
In neueren Autos befindet sich die Uhr zum Teil im Handschuhfach. Vor Fahrtbeginn den Kilometerpreis erfragen! So weiß der Fahrer sofort, daß man sich auskennt und nicht gelinkt werden kann.

Quanto custa cada quilómetro?
wieviel (er-)kostet jeder Kilometer
Wieviel kostet jeder Kilometer?

Zu beachten ist, daß die Preise nachts geringfügig höher sind und daß man immer beide Wege bezahlen muß, wenn man sich nicht in der Stadt befindet. Dagegen wirkt sich die Zahl der Fahrgäste nicht auf den Fahrpreis aus. Gepäck kostet ab einem gewissen Umfang extra. Handgepäck darf im Taxi unentgeltlich mitgeführt werden. Der Fahrer führt immer eine Preisliste mit sich, wo alles aufgeschrieben ist.

Quero ver o cartão com os preços.
(ich-)will sehen der Karte mit die Preise
Ich möchte die Preisliste sehen.

... mit dem eigenen Auto

Auto Motorrad	**carro** **mota**
Wo gibt es eine Werkstatt?	**Onda há uma garagem?** *wo (er-)hat eine Garage*
Ich habe kein Benzin/Diesel.	**Não tenho gasolina/gasóleo.** *nicht (ich-)habe Benzin/Dieselöl*
Kann ich telefonieren?	**Posso telefonar?** *(ich-)kann telefonieren*
Wissen Sie, wo es eine Werkstatt gibt?	**Sabe onde é uma garagem?** *(er-/sie-)weiß wo (sie-)ist eine Garage*
Können Sie meinen Wagen abholen?	**Pode ir buscar o meu carro?** *(er-/sie-)kann gehen suchen der mein Wagen*
Können Sie einen Mechaniker schicken?	**Pode mandar um mecânico?** *(er-/sie-)kann schicken ein Mechaniker*
Er funktioniert nicht.	**Não funciona.** *nicht (er-)funktioniert*
Wo gibt es eine Ford-Servicestelle?	**Onde fica uma agência de Ford?** *wo (sie-)ist eine Büro von Ford*
Ist die Arbeit (Reparatur) schon gemacht/fertig?	**Já está feito o serviço?** *schon (er-)ist gemacht der Dienst*

Ich möchte eine detaillierte Rechnung.	**Quero uma factura especificada.** *(ich-)will eine Rechnung spezifiziert*
Ist es schlimm?	**É grave?** *(er-/sie-)ist schwer*
Können Sie es jetzt reparieren?	**Pode reparar agora?** *(er-/sie-)kann reparieren jetzt*

Die Arbeit ist günstig. Das Material dagegen teuer. Viel geschweißt, geflickt und wenig ersetzt bzw. ausgetauscht wird nur noch bei „allgemeinen Mechanikern" (mecanico geral).

Man sollte darauf achten, daß man die alten Teile möglichst zurückbekommt und zusätzlich die Verpackung der neuen. So hat man Gewähr, daß man wirklich ein neues Teil bekommen hat.

Motorradfahrer versuchen es am besten bei der nächsten **Motorizada-Werkstatt** (Moped). Entweder wissen sie zu helfen (Werkzeug, Kabel, wenige Teile) oder kennen sonst den nächstgelegenen Händler, der auch große Bikes repariert. (In fast allen Provinzstädtchen vorhanden).

Man sollte nicht zu mißtrauisch sein und gleich denken, daß man von jedem ausgenommen wird: Kürzlich fuhr ich in Nordportugal zu einer Citroën-Vertretung. Es fehlte ein Schräubchen. Mein Freund riet mir ab, weil er meinte, das würde die teuerste Schraube meines Lebens.

Ein Mechaniker begutachtete die Sache und befand, daß das Auto in die Werkstatt gebracht werden muß. Jetzt konnte sich mein Freund nicht mehr zurückhalten. Er rechnete mir aus, was ich alles mitbezahlen muß und daß es jetzt endlich an der Zeit sei, sich nach dem Preis zu erkundigen. Ich meinte, laß die ruhig mal arbeiten und erklärte ihm, daß es gerade so gut gratis sein könnte. So war es dann auch.

arranque	Anlasser
escape	Auspuff
bateria	Batterie
(os) travões	Bremsen
sistema eléctrico	elektrische Anlage
fio	elektrischer Draht
travão de mão	Handbremse
cabo	Kabel
correia (da ventoinha)	Keilriemen
embraiagem	Kupplung
direcção	Lenkung
luz	Licht
dínamo	Lichtmaschine
bomba	Pumpe
(os) pneus	Reifen
câmara de ar	Schlauch
bóia	Schwimmer
amortecedor	Stoßdämpfer
carburador	Vergaser
velas	Zündkerzen
ignição	Zündung
cilindro	Zylinder

motor	Motor
remendar	flicken (Schlauch)
ajustar	einstellen
reparar	reparieren
renovar	renovieren
soldar	schweißen, löten
fazer bem	wieder gutmachen, flicken
à esquerda	links
à direita	rechts
em frente	vorne

mieten

alugar ...	... mieten
um carro	ein Auto
um quarto	ein Zimmer
um apartamento	eine Wohnung
uma casa	ein Haus
um windsurf	ein Surfbrett

Vermieten Sie Surfbretter?

Você aluga windsurf?
Sie (er-/sie-)vermietet Windsurf

Wieviel kostet das pro Stunde?

Quanto custa cada hora?
wieviel (er-)kostet jede Stunde

2000 Escudos.

Dois mil escudos.

Hey, das ist viel! Wir haben schon Oktober.

Ei, é muito! Já estamos em Outubro.
hey (er-)ist viel schon (wir-)sind in Oktober

Ich denke, daß es in diesem Monat billiger ist.

Penso, que neste mês é mais barato.
(ich-)denke daß in-dieser Monat (er-)ist mehr billig

Das ist billig, aber das Leben ist teuer!

É barato e a vida está cara!
(er-)ist billig und die Leben (sie-)ist teuer

Sehen Sie, wenn ich es für einen ganzen Monat miete, machen Sie mir einen niedrigeren Preis?

Vê, se estou a alugar por um mês inteiro, você faz um preço mais baixo?
(er-/sie-)sieht wenn (ich-)bin zu mieten
für ein Monat vollständig
Sie (er-/sie-)macht ein Preis mehr niedrig

Der ganze Monat kostet Sie 40.000.

O mês inteiro custa para o senhor 40 contos.
der Monat vollständig (er-)kostet für der Herr 40 „contos".

Geben Sie es mir für 35.000!

Faz por 35!
machen(-Sie) für 35

Das kann ich nicht, 40.000 ist das Minimum!

Não posso, 40 contos é o mínimo!
nicht (ich-)kann 40 contos (er-)ist der Minimum

Schwimmen, Wandern, ...

passear	wandern
mergulhar	tauchen
pescar	fischen
vento	Wind
temperatura da água	Wassertemperatur
parque de campismo	Camping
piscina	Schwimmbad
tenda	Zelt
nadar	schwimmen
velar	segeln
perigo	Gefahr
ondas	Wellen
acampar	zelten
prancha	Surfbrett
windsurf	Windsurfer
correntes	Strömung
alto-mar	hohe See
baixa-mar	Ebbe
preia-mar	Flut

Die Antwort darauf ist mit Vorsicht zu genießen, weil viele ältere Portugiesen nicht schwimmen können und darum auch kaum in der Lage sind, die Gefahr richtig abzuschätzen.

Nadar aqui é perigoso?
schwimmen hier (er-)ist gefährlich
Ist es gefährlich, hier zu schwimmen?

Tem correntes?
(er-)hat Strömungen
Gibt es Strömungen?

Quanto tempo dura um passeio até aquele monte?
wieviel Zeit (er-)dauert ein Spaziergang bis jener Berg
Wie lange dauert ein Spaziergang bis zu dem Berg dort?

Tem um caminho para lá?
(er-)hat ein Weg für dort
Gibt es einen Weg dorthin?

Posso acampar aqui?
(ich-)kann zelten hier
Kann ich hier zelten?

Onde mora o dono deste terreno?
wo (er-)wohnt der Herr von-dieser Boden
Wo wohnt der Besitzer dieses Grundstücks?

Tem água? Por favor, posso encher este bidão?
(er-)hat Wasser für Gef. (ich-)kann auffüllen dieser Behälter
Haben Sie Wasser? Kann ich diesen Behälter auffüllen?

Man beachte, daß im Süden von Portugal Wasser ein wertvolles Gut ist. In fast jedem Dorf und oft auch unterwegs findet man öffentliche Wasserhähne.

Übernachten

hotel	Hotel
pensão	Pension
albergue da juventude	Jugendherberge
apartamento	Wohnung
quarto	Zimmer
casa, vivenda	Haus

Procuro um quarto para duas pessoas.
(ich-)suche ein Zimmer für zwei Personen
Ich suche ein Zimmer für zwei Personen.

Não temos.
nicht (wir-)haben
Haben wir nicht.

Temos.
(wir-)haben
Haben wir.

Queremos com casa de banho.
(wir-)wollen mit Zimmer von Bad
Wir möchten eines mit Bad.

Podemos ver o quarto?
(wir-)können sehen der Zimmer
Können wir das Zimmer sehen?

Normalerweise hängt im Zimmer an der Tür die Preisliste. Zuerst schauen und dann nach dem Preis fragen. Im Winter ist es durchaus möglich, daß man einen niedrigeren Preis herausschinden kann. Man sollte aber bedenken, daß beide mit dem Preis zufrieden sein müssen.

É possível tomar o pequeno almoço neste hotel?
(er-)ist möglich nehmen der kleine Essen in-dieser Hotel
Können wir in diesem Hotel frühstücken?

Gostamos do quarto.
(wir-)mögen von-der Zimmer
Das Zimmer gefällt uns.

Ficamos.
(wir-)bleiben
Wir nehmen es/bleiben.

Fico.
(ich-)bleibe
Ich nehme es/bleibe.

um quarto	Zimmer
com duas camas	mit zwei Betten
cama de casal	französisches Bett
passaporte	Paß
reservar	reservieren
partir, sair	abfahren, abreisen
pagar	zahlen
pequeno almoço	Frühstück
serviço de lavandaria	Kleiderwaschservice
papel higiénico	WC-Papier
mais barato	billiger
mais tranquilo	ruhiger

In kleinen Hotels lohnt es sich, vor dem Weggehen zu fragen, wann bzw. ob nachts geschlossen wird:

A que horas fecha a porta?
zu was Stunden (er-/sie-)schließt die Tür
Um welche Uhrzeit sperren Sie ab?

Wenn man „kalt hat", verlangt man so eine Decke:

Tenho frio. Quero mais um cobertor.
(ich-)habe kalt (ich-)will mehr ein Decke
Mir ist kalt. Ich möchte eine zusätzliche Decke.

Essen und Trinken

Überall in Touristikzentren oder wo das Essen teuer (und oft nicht besser) ist, erhält man eine mehrsprachige Karte. Darum beschäftigen wir uns hier nur mit den einfachen Restaurants, in denen sich mehrheitlich Portugiesen verpflegen. Essen ist so preiswert, daß sich auch viele Portugiesen das Mittagessen im Restaurant leisten können.

Wer sich nicht im Restaurant verpflegt, macht „chopi-chopi" (gespr.: „schopi-schopi") oder „piquenique" (gespr.: „piki-niki").

o pequeno almoço	**das Frühstück**
pão	Brot
margarina	Margarine
manteiga	Butter
marmelada	Quittenkonfitüre
doce	Konfitüre
galão	Milchkaffee (im Glas)
uma bica	kl. schwarzer Kaffee
chá	Tee
leite	Milch
fresco	kühl
morno	warm
quente	heiß
tosta mista	gemischter Toast
iogurte	Joghurt

o almoço, o jantar Mittag-, Abendessen

mesa	Tisch
cadeira	Stuhl
carta, ementa	Karte
garfo	Gabel
faca	Messer
colher	Löffel
prato	Teller
copo	Glas
guardanapo	Serviette
palito	Zahnstocher
sal	Salz
azeite	Olivenöl
vinagre	Essig
azeitonas	Oliven
limão	Zitrone
água com/sem gás	Wasser mit/ohne Kohlensäure
fresco	kühl
natural	Zimmertemperatur
vinho ...	... Wein
verde	„grüner", junger ...
branco	weißer ...
tinto	roter ...
um quarto	ein Viertel
meio litro	ein halber Liter
cerveja	Bier
uma caneca de cerveja	gr. Bier vom Faß
imperial	kl. Bier vom Faß
sumo	Fruchtsaft

sopa	Suppen
sopa de verdura	Gemüsesuppe
caldo verde	Suppe mit Kohl
sopa de mariscos	Suppe mit Meeresfrüchten
sopa à pescadora	Suppe nach Fischerart
gaspacho	kalte Suppe

peixe e mariscos	Fische und Meerestiere
amêijoas	Venusmuscheln
camarões	Garnelen
gambas	Scampi
lagostinho	(kleine) Languste
carangueijo	Krebs
atum	Thunfisch
bacalhau	Kabeljau
cavala, linguado	Makrele, Seezunge
sardinhas	Sardinen
choco	Tintenfisch
lulas	(feiner) Tintenfisch
com tinta	mit Tinte
sem tinta	ohne Tinte
ovos de peixe	Fischeier (Laich)
caldeirada de peixe	Fischeintopf
peixes cozidos	Fische gekocht (Eintopf)
lulas recheadas	Tintenfische gefüllt

carne — Fleisch

vitela	Kalb
boi	Ochse
vaca	Kuh
porco	Schwein
leitão	Spanferkel
borrego	Lamm
carneiro	Hammel
cabrito, cabra	Zicklein, Geiß
bife	Steak
costeleta	Kotelett
febra	Schweineschnitzel
fígado	Leber
tripa	Kaldaunen
rins	Nieren
língua	Zunge
salsicha	Frischwurst
chouriço	Hartwurst
coelho	Kaninchen
frango	Huhn
pato	Ente
ganso	Gans
peru	Truthahn
pombo	Taube
codorniz	Wachtel
mal/bem passado	nicht/gut gebraten
cozido à portuguesa	Gekochtes nach portugiesischer Art
feijoada	Bohnentopf mit Fleisch
grão-de-bico	Kichererbse

maneira	**Zubereitung**
passado no pão ralado	paniert
no forno	im Ofen gebacken
frito	fritiert
grelhado	gegrillt
assado	gebraten
cozido	gekocht
estufado	gedämpft

suplementos	**Beilagen**
massa	Teigwaren
esparguetes	Spaghetti
arroz	Reis
grão-de-bico	Kichererbse
favas	Saubohnen
batatas cozidas	gekochte Kartoffeln
batatas fritas	Pommes Frites

verduras — Gemüse

Verduras (Gemüse) gibt es leider selten. Fragen Sie dennoch, wenn Sie nicht darauf verzichten wollen:

Há verduras? Quero verduras estufadas, por favor.
hat (es-) Gemüse (ich-) möchte Gemüse gedämpft bitte.
xxxx

salada mista	gemischter Salat
alface	Kopfsalat
salada de ...	...-Salat

fruta — Früchte

maçã	Apfel
banana	Banane
pêra	Birne
morangos	Erdbeeren
cerejas	Kirschen
melão	Melone
laranja	Orange
pêssego	Pfirsich
melancia	Wassermelone

sobremesa — Nachspeise

bolo de ...	...-Kuchen
torta de ...	...-Torte
gelado de ...	...-Eis
molotof	Süßspeise aus Eiweiß (ähnlich Baiser)
creme de leite	Milchcrème
mousse de chocolate	Schokoladencrème
com nata	mit Sahne (selten erhältlich)

ao bar	an der Bar
aguardente	Schnaps
brandy	Brandy
bagaceira	klarer Traubenschnaps
figo	Feigenschnaps
medronho	Schnaps aus Baumerdbeeren
vinho de porto	Portwein

Por favor, quero pagar.
für Gefallen (ich-)will zahlen
Ich möchte bezahlen, bitte.

Wenn mehrere Leute zusammen gegessen haben, fragt der Kellner:

Speziell in Cafés und Bars ist es unüblich, wenn jeder Kleingeld hervorkramt und seinen Kaffee bezahlt oder gar jeder einen Schein dafür verwendet. Die Portugiesen wechseln sich im Zahlen ab, wenn sie zusammen etwas trinken gehen.

Tudo junto?
Alles zusammen?

Sim, tudo junto.
Ja, alles zusammen.

Man kann eine Rechnung mit Posten verlangen, wenn man glaubt, daß der Gesamtpreis zu hoch ist. Aber auch dabei freundlich sein!

Quero uma factura especificada.
(ich-)will eine Rechnung spezifiziert
Ich möchte eine genaue Rechnung.

Este preço não é o mesmo da carta!
dieser Preis nicht (er-)ist der gleiche von-die Karte
Das ist nicht der Preis, der auf der Karte steht!

Quanto custa cada galão?
wieviel (er-)kostet jeder Milchkaffee
Wieviel kostet jeder Milchkaffee?

Penso que tudo custa só ... Escudos.
(ich-)denke daß alles (er-)kostet nur ... Escudos
Ich denke, daß alles nur ... Escudos kostet.

Merke:
Nicht nur reklamieren! Auch etwas Trinkgeld = **gorjeta** *geben!*
In der Bar:
Die Einzelpreise erfragen und nachrechnen. Oft ist ein Preisschild mit den wichtigsten Preisen der gängigen Getränke und Zwischenmahlzeiten aufgehängt.

Toilette & Co.

Onde posso lavar as mãos?
wo (ich-)kann waschen die Hände
Wo kann ich mir die Hände waschen?

Onde é a casa de banho?
wo (sie-)ist die Haus von Bad
Wo ist das Badezimmer?

Der Ausdruck **„casa de banho"** *wird auch für WC benutzt.*

Falta o papel higiénico.
(er-)fehlt der Papier hygienisch
Es fehlt Toilettenpapier.

Einkaufen

Portugiesen sind meistens treue Kunden. Wenn man länger am gleichen Ort einkauft und dann zur Konkurrenz wechselt, heißt das für den Händler, daß man nicht zufrieden war. Das gilt für Marktstände, Lebensmittelgeschäfte, Bars und andere kleinere Geschäfte, in denen man sich täglich aufhält.

Preise sind eigentlich immer fest. Ab und zu werden sie für Touristen überhöht, speziell, wenn die fremden Kunden kein Portugiesisch beherrschen. In Touristikzentren (ein Freund von mir spricht in solchen Fällen nur von Touristenfallen) bezahlt man für die gleiche Sache sowieso mehr.

Handeln ist mühsam. Die Portugiesen gehen davon aus, daß man ja sowieso einkauft und sehen darum auch keinen Grund, mit dem Preis nachzugeben. Auch eine größere Bestellung ändert die Lage oft nicht. Nur gut bekannte Kunden schaffen es, etwas rauszuschinden.

É mais barato se compro uma dúzia?
(er-)ist mehr billig wenn (ich-)kaufe eine Dutzend
Wird es billiger, wenn ich ein Dutzend kaufe?

Diga-me o preço mais baixo
e eu vou comprar 3 peças.
sagen(-Sie-)-mir der Preis mehr niedrig
und ich gehe kaufen 3 Stück
Sagen Sie mir den niedrigsten Preis,
und ich werde drei Stück kaufen.

loja	Geschäft
mercado	Markt(platz)
feira	Markt
farmácia	Apotheke
padaria	Bäcker
livraria	Buchhandlung
drogaria	Haushaltswaren und Werkzeug
pastelaria/confeitaria	Konditorei
oculista	Optiker
a casa de artigos de desporto	Sportgeschäft
armazém	Warenhaus
quiosque	Kiosk
madeira	Holz
algodão	Baumwolle
ouro	Gold
prata	Silber
metal	Metall
cabedal	Leder
aberto	offen
encerrado	geschlossen
saldos	Ausverkauf
promoção	Einführungs-angebot
caixa	Schachtel
saco	Sack (Einkaufs-beutel)
esgotado	ausgegangen
encomendar	bestellen
gastar	ausgeben (Geld)

ajudar	helfen
mostrar	zeigen
pequeno	klein
menor	kleiner
grande	groß
maior	größer
menos	weniger
mais	mehr
outra cor	andere Farbe
lã, algodão	Wolle, Baumwolle
sintético	Kunststoff

A que horas abre/fecha a loja?
zu was Stunden (sie-)öffnet/schließt die Geschäft
Wann öffnet/schließt das Geschäft?

Verkaufsgespräch

Guten Tag.	**Bom dia.** *guter Tag*
Ich möchte ein Kilo Äpfel.	**Quero um quilo de maçãs.** *(ich-)will ein Kilo von Äpfeln*
Haben Sie eine Einkaufstasche?	**Tem um saco?** *(er-/sie-)hat ein Sack*
Ja, habe ich, Sie können es in diese Tasche legen.	**Sim tenho, pode pôr neste saco.** *ja (ich-)habe (er-/sie-)kann legen in-dieser Sack*
Oh, Sie sprechen gut Portugiesisch.	**Ah, sabe falar bem o portugês.** *ah (er-/sie-)weiß sprechen gut der Portugiesisch*
Möchten Sie sonst noch etwas?	**Quer mais alguma coisa?** *(er-/sie-)will mehr einige Sache*
Ich möchte ein halbes Kilo Karotten.	**Quero meio quilo de cenouras.** *(ich-)will halber Kilo von Karotten*
Was noch?	**Que mais?** *was mehr*
Sonst nichts mehr.	**Mais nada.** *mehr nichts*
Gut, 200 und 90, das sind 290 Escudos.	**Ora, duzentos mais noventa sao duzentos e noventa escudos.** *nun 200 mehr 90 (sie-)sind 290 Escudos*

Haben Sie nicht 300 Escudos?

Não tem trezentos Escudos?
nicht (er-/sie-)hat 300 Escudos

Habe ich. Hier bitte.

Tenho. Aqui está.
(ich-)habe hier (er-/sie-)ist

Und zehn macht 300.

Com dez faz trezentos.
mit zehn (er-/sie-)macht dreihundert

Gute Reise. Ade.

Boa viagem. Adeus.
gute Reise Ade

In den Geschäften mangelt es oft an Kleingeld. So fragen die Verkäufer und Kellner um soviele Münzen nach, daß sie Noten herausgeben können.

Wer das Gefühl hat, übers Ohr gehauen worden zu sein, regt sich besser nicht auf. Geschickt fragen führt weiter:

A conta não está correcta. Falta o leite!
die Rechnung nicht (sie-)ist korrekt (er-)fehlt der Milch
Die Rechnung stimmt nicht. Die Milch fehlt!

Auch zum Vorteil des Kunden verrechnen sich die Händler ab und zu. Und was soll man einen kleinen Händler um eine Milch betrügen!

Je mehr ein Geschäft auf Touristen eingestellt ist, um so leichter fällt es dem Personal, die Kunden zu begaunern.

Wenn man regelmäßig z. B. den Kilopreis erfragt, wissen auch die dreisteren Händler sofort, daß man mitrechnet.

Bei der Polizei

Wenn man bestohlen worden ist und den Schaden bei einer Versicherung kassieren kann, führt der Weg meistens nicht an der Polizei vorbei.

Onde está a policia?
Wo ist die Polizei?

Jetzt wird es kompliziert. Am besten finden Sie jemanden, der Ihre Sprache spricht und sich hilfsbereit zeigt. So etwa könnte es auf portugiesisch ablaufen:

Alguém me roubou ...
jemand mir (er-/sie-)raubte
Jemand hat mir ... gestohlen.

Quero fazer queixa.
(ich-)will machen Anzeige
Ich möchte eine Anzeige machen.

Sabe quem foi a pessoa?
(er-/sie-)weiß wer (sie-)war die Person
Wissen Sie, wer die Person war?

Não faço ideia.
nicht (ich-)mache Idee
Ich habe keine Ahnung.

Estava a passear e o ladrão tirou-me a bolsa.
(ich-)war zu spazieren und der Dieb (er-)entriß-mir die Tasche
Ich ging spazieren und der Dieb hat mir die Tasche weggerissen.

Voltei para o carro e faltavam as minhas coisas.
(ich-)umkehrte für der Auto und (sie-)fehlten die meine Sachen
Ich bin zum Auto zurückgegangen und meine Sachen fehlten/waren weg.

Preciso de uma cópia da queixa para a companhia de seguros.
(ich-)brauche von eine Kopie von-die Anzeige für die Gesellschaft von Versicherungen
Ich brauche eine Kopie der Anzeige für meine Versicherung.

Posso telefonar para a embaixada?
(ich-)kann telefonieren für die Botschaft
Kann ich die Botschaft anrufen?

Tudo o meu dinheiro foi roubado.
alles der mein Geld (er-)war gestohlen
Mein ganzes Geld wurde gestohlen.

Jetzt ist es an der Zeit, ein Taschenwörterbuch zu beschaffen, damit die Schadenanzeige vollständig wird.

Vergewaltigungen kommen meines Wissens selten vor. Wenn die Kleidung einer Frau auf die Verhältnisse in Portugal etwas abgestimmt ist, muß eigentlich nichts befürchtet werden.

Um homen violou-me e roubou-me o dinheiro.
ein Mann (er-)vergewaltigte-mich und (er-)raubte-mir der Geld
Ein Mann hat mich vergewaltigt und mein Geld gestohlen.

violação = *Vergewaltigung*

GARAGEM AVENIDA
É PROIBIDO FUMAR OU FAZER LUME

Auf der Post

CTT	Post
(CCT = Correios, Telégrafos e Telefones)	
selos postais	Briefmarken
carta	Brief
encomenda	Paket
postal	Postkarte
alfândega	Zoll
expresso	Express
registado	eingeschrieben
chamada pessoal	Anruf mit Voranmeldung
chamada paga	Gebühr bezahlt Empfänger
por avião	per Luftpost
posta restante	postlagernd
telegrama	Telegramm
telefone	Telefon
ligar	verbinden
cortar	unterbrechen

Onde há uma estação dos correios?
wo (er-)hat eine Station von-die Post
Wo gibt es ein Postamt?

A que horas abre/fecha o correio?
zu was Stunden (er-)öffnet/schließt der Post
Um welche Uhrzeit öffnet/schließt die Post?

Quero mandar uma encomenda para Alemanha.
(ich-)will schicken eine Paket für Deutschland
Ich möchte ein Paket nach Deutschland schicken.

** internat. Normkartons*

Tem caixas para encomendas*?
(er-)hat Schachteln für Pakete
Haben Sie Schachteln für Pakete?

Esta carta vai expressa/registada.
diese Brief (sie-)geht express/eingeschrieben
Diesen Brief bitte express/eingeschrieben.

Onde é a secção da posta restante?
wo (sie-)ist die Abteilung von-die Post bleibend
Wo ist der Schalter für postlagernde Sendungen?

Há correio para mim?
(er-)hat Post für mich
Haben Sie Post für mich?

Quero mandar este telegrama para ...
(ich-)will schicken dieser Telegramm für
Ich möchte dieses Telegramm nach ... schicken.

Posso telefonar, por favor?
(ich-)kann telefonieren für Gefallen
Kann ich bitte telefonieren?

Para onde?
für wo
Wohin?

Para Áustria.
für Österreich
Nach Osterreich.

In der Bank

Onde há um banco?
wo (er-)hat ein Bank
Wo gibt es eine Bank?

Quero cambiar.
(ich-)will wechseln
Ich möchte Geld umtauschen.

Quantos Escudos dá cada marco?
wieviele Escudos (er-)gibt jeder Mark
Wieviele Escudos bekomme ich für eine Mark?

marcos alemães	Deutsche Mark
franco suíço	Schweizer Franken
xelim	Schilling
dólares	Dollar
cheque bancário	Bankscheck
cheque de viagem	Reisescheck
Euro-cheque	Euroscheck
transacção	Überweisung
cambiar	wechseln
esperar	warten
chegar	ankommen

O meu banco na Alemanha chama-se ...
der mein Bank in-die Deutschland (er-)ruft-sich
Meine Bank in Deutschland heißt ...

Mandou-me ... marcos por telex.
(er-)schickte-mir ... Mark per Telex
Mir wurden ... Mark per Telex geschickt.

Já chegou?
schon (sie-)ankamen
Sind sie schon angekommen?

Já estou a esperar há 8 dias.
schon (ich-)bin zu warten (er-)hat acht Tage
Ich warte schon seit 8 Tagen.

Por favor, mande um telex para o meu banco.
für G. schicken(-Sie) ein Telex für der mein Bank
Schicken Sie bitte ein Telex an meine Bank.

Krank sein

Alles darf man im Ausland, nur nicht krank werden! Wenn doch, fehlt es oft am notwendigen Wissen und am Wortschatz. Äußerliche Leiden sind schnell gezeigt und brauchen keine Erklärungen. Innere Schmerzen zu beschreiben bereitet dagegen Schwierigkeiten.

Sabe falar inglês?
(er-/sie-)weiß sprechen Englisch
Sprechen Sie Englisch?

Man sagt „yes" – und das ganze Verständigungsproblem ist immer noch nicht gelöst, sondern nur von der einen Sprache in die andere verlegt worden. Meine Nierenkolik wurde zuerst als Blinddarm, später als Darmgrippe und schließlich als das Richtige diagnostiziert, nachdem sich auch für den Laien sichtbare Zeichen zeigten: Blut im Urin.

Merken Sie als Regel: Wenn man akut krank ist, meldet man sich im nächsten Krankenhaus. Bei kleinen Leiden fragt man am besten in der Apotheke, ob sie etwas Passendes haben. Noch besser ist es, wenn man schon den Namen des Medikaments kennt, das man braucht und kaufen möchte. Auch rezeptpflichtige Medikamente werden an Ausländer oft frei ausgegeben. Da sei aber Vorsicht am Platz!

o corpo	der Körper
Dói-me ...	... tut mir weh
braço	Arm
olho	Auge
perna	Bein
apêndice	Blinddarm
sangue	Blut
tórax	Brustkorb
intestinos	Darm
cotovelo	Ellenbogen
calcanhar	Ferse
dedo	Finger
pé	Fuß
vesículabiliar	Gallenblase
articulação	Gelenk
rosto	Gesicht
cabelo	Haare
pescoço	Hals
mão	Hand
pulso	Handgelenk
bexiga	Harnblase
pele	Haut
coração	Herz
anca	Hüfte
maxilar	Kiefer
queixo	Kinn
joelho	Knie
rótula	Kniescheibe
osso	Knochen
cabeça	Kopf

fígado	Leber
lábio	Lippe
pulmão	Lunge
estômago	Magen
amígdalas	Mandeln
boca	Mund
músculo	Muskel
nariz	Nase
orelha	Ohr
garganta	Rachen
costela	Rippe
ombro	Schulter
tendão	Sehne
urina	Urin
coluna vertebral	Wirbelsäule
língua	Zunge

a doença — die Krankheit

acidente	Unfall
a doente	die Kranke (Frau)
o doente	der Kranke (Mann)
dói-me aqui	hier tut es mir weh
a dor	Schmerz
partido	gebrochen
constipação	Schnupfen
febre	Fieber
infectado	entzündet
tenho tonturas	mir ist schwindelig
diarreia	Durchfall

cãibras	Krämpfe
sentir mal	sich schlecht fühlen
não me sinto bem	ich fühle mich nicht gut
torcido	verstaucht
rasgado	gerissen
distensão	Zerrung
picada de insecto	Insektenstich
corte	Schnitt
inchaço	Schwellung
grávida	schwanger
diabético	Diabetiker
ferida	Verletzung
grave	schlimm
vomitei	ich übergab mich
insolação	Sonnenstich
queimadura do sol	Sonnenbrand

Nur Esel und Europäer legen sich extrem lange in die pralle Sonne.

tratamento — Behandlung

tomar medicamentos	Medikamente nehmen
dar uma injecção	eine Spritze geben
radiografia	Röntgenaufnahme
anestesia	Betäubung
operação	Operation
gesso	Gips
externo	äußerlich
interno	innerlich

medicamentos	Medikamente
receitar	verordnen
dose	Dosis, Menge
pomada	Salbe
comprimidos	Tabletten
engolir	schlucken
pastilhas	Pastillen
mastigar	kauen
chupar	lutschen
supositórios	Zäpfchen
antes da refeição	vor dem Essen
depois ...	nach ...
de manhã	morgens
à noite	abends
três vezes ao dia	dreimal am Tag
colher de chá	Teelöffel
colher de sopa	Suppenlöffel
com um copo de água	mit einem Glas Wasser
injectar	spritzen

os dentes	die Zähne
dor de dentes	Zahnschmerzen
este dente dói-me	dieser Zahn tut mir weh
temporariamente	zeitweilig
provisório	vorläufig
definitivo	endgültig
não tirar/arrancar	nicht ziehen

tratamento com anestesia	Behandlung mit Betäubung
chumbar	plombieren
amálgama	Amalgam
ouro	Gold

oculista — Optiker

óculos	Brille
lentes	Gläser
fumadas	getönt
alcance da vista	Sehschärfe
corrigido	korrigiert
corrigir	korrigieren
fotorei	lichtanpassend

Sabe onde há um médico?
(er-/sie-)weiß wo (er-)hat ein Arzt
Wissen Sie, wo es einen Arzt gibt?

Pode acompanhar-me ao hospital?
(er-/sie-)kann begleiten-mich zu-der Hospital
Können Sie mich zum Krankenhaus begleiten?

Posso deitar-me?
(ich-)kann hinlegen-mich
Kann ich mich hinlegen?

Tem um médico que fale alemão?
(er-)hat ein Arzt der (er-)spricht Deutsch
Gibt es einen Arzt, der Deutsch spricht?

Onde dói?
wo (er-/sie-)schmerzt
Wo tut es weh?

Dói-me a barriga.
(sie-)schmerzt-mich die Bauch
Der Bauch tut mir weh.

O meu amigo teve um acidente.
der mein Freund (er-)hatte ein Unfall
Mein Freund hatte einen Unfall.

Pode chamar um médico/uma ambulância?
(er-/sie-)kann rufen ein Arzt eine Ambulanz
Können Sie einen Arzt/Krankenwagen rufen?

Telefone à embaixada do meu país, por favor.
telefonieren(-Sie) zu-die Botschaft von-der mein Land für Gefallen
Rufen Sie bitte meine Botschaft an.

Preciso de ajuda.
(ich-)brauche von Hilfe
Ich brauche Hilfe.

Falls Sie eine Versicherung haben, die Ihre Spesen ersetzt, verlangen Sie eine detaillierte Rechnung:

Arranje-me uma factura,
especificando a doença, para eu mandar
para o meu seguro na Alemanha.
beschaffen(-Sie)-mir eine Rechnung
spezifizierend die Krankheit für ich senden
für der mein Versicherung in-die Deutschland
Bitte geben Sie mir eine Rechnung,
die die Krankheit genau aufführt,
für meine Versicherung in Deutschland.

Sich verabreden, Eingeladen sein

Sind Sie alleinreisend? Als Alleinreisender kann es einem öfter passieren, daß man (z. B. auf dem Campingplatz) zum Mitessen eingeladen wird.

Queres comer com a gente?
(du-)willst essen mit die Leute
Willst du mit uns essen?

Portugiesen schlagen das erste Angebot oft aus:

Não obrigado, não quero incomodar.
nein danke nicht (ich-)will stören
Nein danke, ich möchte nicht stören.

Jetzt wird noch einmal gefragt:

Podes, não vais incomodar.
(du-)kannst nicht (du-)gehst stören
Du kannst ruhig, du störst nicht.

Vou, com muito prazer, obrigado.
(ich-)gehe mit viel Vergnügen danke
Dann sehr gerne, danke.

A comida foi muito boa.
die Essen (sie-)war sehr gut
Das Essen war sehr gut.

Kurz bevor man platzt, erinnere man sich an diesen Satz:

Não quero mais, já tenho a barriga cheia!
nicht (ich-)will mehr schon (ich-)habe die Bauch voll
Ich möchte nichts mehr, mein Bauch ist voll!

Portugiesen besitzen einen ausgeprägten Familienstolz und zeigen Gäste gern herum, was oft mit dem Trinken von **aguardentes** (=Schnaps) verbunden ist. Wenn Portugiesen sich erkenntlich zeigen möchten, machen sie den Kindern des Gastgebers ein Geschenk oder leisten einen kleinen Betrag für die Aussteuer der älteren Tochter. Oft heiraten Mädchen schon sehr jung und beginnen entsprechend früh auf die Aussteuer hin zu arbeiten.

Blumen als Gastgeschenk sind nicht üblich: Wenn man Pech hat, wählt man Blumen aus, die ausschließlich als Schmuck für die Gräber benutzt werden. Süßigkeiten eignen sich auch als Mitbringsel.

Tu vens amanhã à minha casa?
du (du-)kommst morgen zu-die meine Haus
Kommst du morgen zu mir?

A que horas?
zu was Stunde
Um wieviel Uhr?

À hora do almoço / jantar.
zu Stunde von-der Mittagessen / Abendessen
Zum Mittagessen / Abendessen.

Vamo-nos encontrar esta tarde.
(wir-)gehen-uns treffen diese Nachmittag
Wir werden uns heute nachmittag treffen.

Onde?
Wo?

Às 6 horas no Restaurante Piripiri.
zu-die 6 Stunden in-der Restaurant Piripiri
Um sechs Uhr im Restaurant Piripiri.

Hoje não temos tempo.
Pode ser outro dia?
heute nicht (wir-)haben Zeit
(er-)kann sein anderer Tag
Heute haben wir keine Zeit.
Kann es auch an einem anderen Tag sein?

Passas lá na minha casa?
(du-)vorbeigehst dort in-die meine Haus
Kommst Du bei mir zu Hause vorbei?

Redewendungen

Die erste Redewendung zeigt ein wichtiges Element der portugiesischen Sprache: Die Wiederholung von Wörtern kommt einer Verstärkung gleich und ist sehr beliebt. Im Beispiel wurde zusätzlich noch exakt das Gegenteil der Wahrheit ausgedrückt.

Ele era tão alto, tão alto. Que para pegar no chapéu, tinha de subir num banco.
er (er-)war so groß so groß daß für nehmen in-der Hut (er-)hatte von steigen in-eine Bank
Er war so groß, daß er auf eine Bank steigen mußte, um den Hut zu nehmen.

Die zweite Redewendung trifft auf das Wetter in Südportugal zu: Der Winter beginnt hier erst kurz vor Jahresende. Gegen Frühling ist es oft regnerisch und tageweise kühl. Im Gegensatz dazu sind die Regentage im Herbst recht warm. Der Vorsommer ist relativ windig und noch nicht stabil. Und wenn dann endlich Hochsommer ist, hält das schöne Wetter lange an.

Natal na praça, Páscoa ao fogo, Abril chuvoso, Maio ventoso, faz um ano formoso.
Weihnachten in-die Platz Ostern zu-der Feuer April regnerisch Mai windig macht ein Jahr schön
Weihnachten auf der Straße, Ostern vor dem Kamin, der April regnerisch, der Mai windig, das macht ein schönes Jahr.

Beschimpfungen

Portugiesen regen sich gerne auf, tragen aber selten etwas nach. Beschimpfungen kommen vor, sind aber nie so bissig wie z. B. in Deutschland oder der Schweiz.

chatice	Scheiße (Fluch über eine Sache)
porco	Schwein
desgraçado	Unglücklicher
malandro	Strolch, Gauner

Wenn jemand hinter Ihnen **chatice** sagt, fragen Sie:

O que é?
Was ist?

Porque estás zangado / aborrecido?
warum (du-)bist streitsüchtig verärgert
Warum bist du so streitsüchtig / wütend?

Wenn es nicht Ihre Schuld ist, sagen Sie:

Não foi minha culpa.
nicht (sie-)war meine Schuld
Es war nicht meine Schuld.

É culpa dele/dela.
(sie-)ist Schuld von-er/von-sie
Es ist seine/ihre Schuld.

Wenn Sie die Schlud tragen:

Olha, foi sem querer.
schau (er-)war ohne wollen
Das war keine Absicht.

Lamento muito.
(ich-)bedaure viel
Es tut mir sehr leid.

Brasilianisch - Portugiesisch

Das portugiesische Fernsehen strahlt regelmäßig brasilianische Serien aus. Die meisten Wörter decken sich, aber die Aussprache des brasilianischen Portugiesisch ist weicher. Die unbetonten Vokale werden klarer ausgesprochen und dementsprechend weniger nasal. Im Folgenden kurz die wichtigsten Unterschiede:

Aussprache

Endungs-**e** wird zu **i**
Endungs-**te** wird zu **tschi**
Endungs-**de** wird zu **dschi**

	Portugal	Brasilien
contente zufrieden	**contente**	**contentschi**
bom dia guten Tag	**bou dia**	**boudschia**
boa tarde guten Abend	**boa tarde**	**boa tardschi**
Ele er	**ele**	**eli**

Anrede

In Brasilien ersetzt você die du-Form. Você gilt für du **und** Sie. Das gleiche gilt für die Mehrzahl: Vocês.
Entsprechend vereinfacht sich die Konjugation der Verben, z. B.:

comer	essen
eu como	ich esse
você come, **ele/ela come**	Du/Sie essen, er/sie ißt
nós comemos	wir essen
vocês comem, **eles/elas comen**	ihr/Sie essen, sie essen

Kauderwelsch-Band 21

Brasilianisch - Wort für Wort

Dieser Band hilft in Brasilien weiter, da er speziell auf die Anforderungen Südamerikas zugeschnitten ist (anderes Vokabular, andere Verhaltenstips etc.).
128 Seiten,
ISBN 3-89416-003-9,
DM 14.80.
Auch zu diesem Band ist eine Begleit-Kassette erhältlich.

Diese Wörterliste ist als Grundwortschatz gedacht und recht bescheiden. Beachten Sie in erster Linie das im Buch unter den einzelnen Kapiteln aufgeführte Vokabular, das sich nicht vollständig mit dem hier aufgeführten Wortschatz deckt. Als Ergänzung zu diesem Band empfehle ich ein Taschenwörterbuch.

A

Abend tarde, a
Abendessen jantar, o
abends de noite
abmachen combinar
Abreise partida, a
abreisen (nach) partir (para)
abschleppen rebocar
Adresse endereço, o
ändern mudar
äußerlich exterior
allein sozinho
alles tudo
als *(Vergleich)* que
als *(zeitlich)* quando
also então
alt velho
Alter idade, a
Amt repartição, a
anbieten oferecer
Andenken lembrança
andere(r) outro
andermal, ein outra vez
anfangen começar
Angebot oferta
Angestellter empregado, o
Angst medo, o
anhalten parar
ankommen chegar
Ankunft chegada, a
Anruf chamada, a
anrufen telefonar
anschauen olhar
Anschluß *(Zug)* ligação, a
Ansichtskarte postal, o
anstatt em vez de
Antwort resposta, a
Antwort auf Danke de nada
antworten responder
Anwalt advogado, o
Apotheke farmácia, a
Arbeit trabalho, o
arbeiten trabalhar
auch também
auf portugiesisch em português
auf *(Präp.)* sobre; em cima de
aus ... *(Herkunft)* de ...
Ausflug excursão, a
Ausfuhr exportação, a
Ausgang saída, a
ausgeben gastar
Auskunft informação, a
Ausländer estrangeiro, o
Ausland estrangeiro, o
außen fora
Aussicht vista, a
Aussprache pronúncia, a
Ausstellung exposição, a
austauschen trocar
Auto carro, o

B

Bad banho, o
baden tomar banho
Bank banco, o
Bauer agricultor, o
Baum árvore, a
Baumwolle algodão, o
beantworten responder a
bedecken cobrir

Bedienung serviço
beenden terminar
befördern transportar
begegnen encontrar
beginnen começar
begleiten acompanhar
begrüßen cumprimentar
beide ambos
beifügen juntar
beinahe quase
beisammen junto
Bekannter conhecido, o
bekommen receber
benachrichtigen avisar
Benzin gasolina, a
bequem cómodo
berechnen calcular
bereit pronto
bereits já
Berg monte, o
Beruf profissão, a
besetzt ocupado
besichtigen visitar
Besitzer possuidor, o
besser melhor
bestellen encomendar
Bestellung encomenda, a
Besuch visita, a
besuchen visitar
betreten entrar em
Bett cama, a
Beutel bolsa, a
bevor antes de
bewölkt nublado
Bewohner habitante, o
bezahlen pagar
Bier cerveja, a
billig barato
bis até
bißchen, ein um pouco
Bitte pedido, o
bitte faz favor
Blatt folha, a
blau azul
bleiben ficar
Bleistift lápis, o
Blume flor, a
böse mau
Boot barco
Botschaft embaixada, a
Brand fogo, o
brauchen precisar de
braun castanho
breit largo
Brief carta
Briefmarke selo, o
Brieftasche carteira, a
Briefumschlag envelope, o
Brille óculos, os
bringen, *(her-)* trazer
bringen, *(weg-)* levar
Brot pão, o
Bruder irmão, o
Brücke ponte, a
Brunnen poço, o
Buch livro, o
buchen *(Platz)* marcar
Bucht baía, a
Büro escritório, o
Bus autocarro, o
Busch arbusto, o
Bushaltestelle paragem, a
Butter manteiga, a

C

Café café, o
Camping campismo, o
Chauffeur motorista, o
Chef chefe, o
Cousin primo, o

D

Dach telhado, o
daheim em casa
daher *(Grund)* por isso
Dame senhora, a
danach depois
dann então
daß que
dasselbe o mesmo
Datum data, a
dauern durar
demnächst brevemente
denken *(an)* pensar (em)
denn pois
deshalb por isso
deutsch alemão
Deutscher alemão, o
Deutschland Alemanha, a
Devisen divisas, as
dick gordo
Dieb ladrão, o
Diebstahl roubo, o
Ding coisa, a
Dorf aldeia, a
dorthin para lá
Dosenöffner abre-latas, o
draußen fora
dringend urgente

drinnen dentro
dünn fino
dürfen poder
dürr seco
Durchgang passagem, a
Durst sede, a
durstig sein ter sede
Dusche chuveiro, o
Dutzend, ein uma dúzia

E

Ebbe baixa-mar, a
eben *(zeitlich)* agora mesmo
Ecke canto, o
egal igual
Ehefrau esposa, a; mulher, a
Ehemann marido, o
Ehepaar casal, o
eher antes
Ei ovo
Eigentümer proprietário, o
Eile haben ter pressa
eilig apressado
einfach fácil
Einfahrt, Eingang entrada, a
einige alguns
einkaufen fazer compras
einsteigen subir
eintreffen chegar
Eintrittskarte bilhete, o
einverstanden de acordo
einwickeln embrulhar
einzig único
Eis *(Speise-)* gelado, o
Eltern pais, os
Empfang recepção, a
Ende fim, o
enden acabar
eng estreito
England Inglaterra, a
Enkel neto, o
Entfernung distância, a
Entschuldigung desculpa, a
Erdgeschoß rés-do-chão, o
Erfahrung experiência, a
Erfrischung refresco, o
erhalten receber
erinnern, sich lembrar-se
Erkältung constipação, a
erlauben permitir
Ermäßigung redução, a
erzählen contar
Erzeugnis produto, o
es gibt há
essen comer
Essen comida, a
etwas alguma coisa
Europa Europa
eventuell talvez

F

Fabrik fábrica, a
Faden fio, o
fahren ir
Fahrgast passageiro, o
Fahrkarte bilhete, o
Fahrrad bicicleta, a
Fahrt viagem, a
fallen cair
falsch falso
Familie família, a
Familienname apelido, o
fangen apanhar
Farbe cor, a
fehlen faltar
fein fino
Ferien férias, as
Fernsehen televisão, a
fett gordo
feucht húmido
Feuer fogo, o
Feuerzeug isqueiro, o
Film *(Foto)* rolo, o
finden achar; encontrar
finster escuro
Fisch peixe, o
fischen pescar
Fischer pescador, o
Fischhändler peixeiro, o
Flasche garrafa, a
Fleisch carne, a
Fliege mosca, a
Fluß rio, o
Flut preia-mar, a
fordern pedir
fortsetzen continuar
Fotoapparat máquina fotográfica
Fräulein menina
Frage pergunta, a

fragen perguntar
fremd desconhecido
Freund amigo, o
Freundin amiga, a
freundlich amável
Friede paz, a
frieren ter frio
frisch fresco
froh contente
früh cedo
früher antes
Frühling Primavera
Frühstück pequeno almoço
fühlen sentir
füllen encher
für para

G

Garage garagem, a
Garten jardim, o
Gastfreundschaft hospitalidade
Gebiet região, a
Gebirge montanha, a; serra, a
geboren nascido
gebrauchen usar
Geburtstag aniversário, o
Geduld paciência, a
gefährlich perigoso
Gefahr perigo
gegenüber em frente
gehen ir
gehören ser de
gelb amarelo
Geld dinheiro, o
Geldstrafe multa, a
Geldwechsel câmbio, o
gemeinsam juntos
Gemüse hortaliça, a
genau exacto
genug bastante
geöffnet aberto
Gepäckaufbewahrung depósito de bagagens
geradeaus em frente
Geruch cheiro, o
Geschäft loja, a
Geschenk presente, o
geschlossen fechado
Geschmack gosto, o
Geschwindigkeit velocidade, a
Gesicht cara, a
Gespräch conversa, a
gestern ontem
Gesundheit saúde, a
Getränk bebida, a
Gewicht peso, o
gewinnen ganhar
gewiß certo
Gewitter trovoada, a
Gewohnheit hábito, o
Gift veneno, o
giftig venenoso
glauben crer
gleich *(egal)* igual
gleich *(sofort)* já
Gleis via, a
gratis grátis
Grenze fronteira, a
Großmutter avó, a
Großvater avô, o
grün verde
grüßen cumprimentar
gültig válido

H

Hälfte metade, a
häßlich feio
Hafen porto, o
Hahn galo
halb meio
Hand mão, a
hart duro
Hauptbahnhof estação central
Hauptstadt capital, a
Haus casa, a
Haut pele, a
Heft caderno, o
Heimat pátria, a
heiß quente
helfen, jdm. ajudar algo
Herbst Outono
Herr senhor, o
herrlich magnífico
Herz coração, o
heute hoje
hier aqui
Hilfe ajuda, a
hinaufgehen subir
hinten atrás
hinuntergehen descer
Hitze calor, o
hoch alto
höchstens no máximo
Höhe altura, a
hoffen esperar
Hotel hotel, o
hübsch bonito; lindo
Hund cão, o
hungrig sein ter fome

I

ich eu
immer sempre
in em
inbegriffen incluído
innen dentro
innerhalb *(zeitl.)* dentro de
Insel ilha, a
irgend etwas alguma coisa
irren, sich enganar-se
Irrtum erro, o

J

ja sim
Jahr ano, o
jeder cada
jedesmal cada vez
jetzt agora
jung jovem
Junggeselle solteiro, o

K

Käse queijo, o
Kaffee café, o
kalt frio
Karte (Land-) mapa, o
Kasse caixa, a
kaufen comprar
Kellner chefe, o
kennen conhecer
Kerze vela, a
Kilogramm quilo, o
Kind criança, a
Kino cinema, o
Kirche igreja, a
Kiste caixa, a
Klang som, o
klar claro
Kleid vestido, o
Kleidung vestuário, o
klein pequeno
kochen *(zubereiten)* cozinhar
kochen *(sieden)* ferver
Kocher fogão, o
können poder
Körper corpo, o
Koffer mala, a
kommen vir
Kopf cabeça, a
kosten custar
Kosten custo, o
Kraft força, a
krank doente
Krankenhaus hospital, o
Krankheit doença
kühl fresco
Küste costa, a
Kunde freguês, o
kurz curto *(Länge);* breve *(Zeit)*
Kuß beijo, o

L

lachen rir
Laden loja, a
Lärm barulho, o
Lage situação, a
Landgut quinta, a
Landstraße estrada, a
lang comprido
Leben vida, a
leben viver
ledig solteiro
legen pôr
leicht *(einfach)* fácil
leicht *(Gewicht)* leve
leider infelizmente
leihen emprestar
lernen estudar
lesen ler
Leute gente, a
Licht luz, a
lieb haben, jdn. gostar de algo
Liebe amor, o
lieben amar
liebenswürdig amável
Lied canção, a
links à esquerda
Liter litro, o
Loch buraco, o
Lüge mentira, a
Luft ar, o

M

machen fazer
Mädchen rapariga, a
mager magro
Mahlzeit refeição, a
Mark, DM marco, o
Markt mercado, o
Meer mar, o
mehr mais
Mensch homem, o
Meter metro, o
Miete renda, a
Milch leite, o
mild suave
mindestens pelo menos
Minute minuto
mit com
mitbringen trazer
mitnehmen levar
Mittag meio-dia, o
Mittagessen almoço, o
Mitternacht meia-noite, a
möchten querer
Monat mês, o
monatlich por mês
Mond lua, a
morgen de manhã
Morgen manhã, a
Motor motor, o
Motorrad mota, a
Mücke mosquito, o
müde cansado
müssen ter de, dever
Mund boca, a
Musik música, a

N

nach *(räuml.)* a / para
nach *(zeitl.)* depois de
Nachbar vizinho, o
nachher depois
Nachmittag tarde, a
nachmittags de tarde
Nachricht notícia, a
Nacht noite, a
Nachtlokal boíte, a
nachts de noite
Nadel agulha, a
nächste próximo
nahe perto
Nahrung alimentação
Name nome, o
naß molhado
Natur natureza, a
Nebel nevoeiro, o
Neffe sobrinho, o
nehmen tomar
nein não
neu novo
nicht não
Nichte sobrinha, a
nichts nada
nie nunca
niedrig baixo
niemand ninguém
nirgends em parte nenhuma
noch ainda
Norden norte, o
Notwendigkeit necessidade, a
nützlich útil
Nummer número, o
nun agora
nur só
nutzlos inútil

O

ob se
oben em cima
Obst fruta
oder ou
öffentlich público
öffnen abrir
Österreich ¦ustria, a
Österreicher austríaco, o
offen aberto
Onkel tio, o
Osten leste, o

P & Q

Paket encomenda, a
Papier papel, o
Park parque, o
Parkplatz parque de estacionamento, o
Paß passaporte, o
Person pessoa, a
Pflanze planta, a
plötzlich de repente
Polizei polícia, a
Port lugar, o
Portugal Portugal
Portugiese portuguesa, o
portugiesisch português
Post correio, o
Preis preço, o
Prozent por cento
putzen limpar
Qualität qualidade, a
Quittung recibo, o

R

Rabatt desconto, o
Rat conselho, o
rauchen fumar
rechnen calcular
Rechnung conta; factura
Recht direito, o
rechts á direita
reden falar
Regen chuva
reich rico
Reise viagem, a
Reisebüro agência de viagens
Reisepaß passaporte, o
Reparatur reparação, a
Restaurant restaurante, o
retten salvar
Richtung direcção, a
riechen cheirar
Risiko risco, o
rot encarnado; vermelho
Rucksack mochila, a
rücksichtslos sem respeito
rückwärts para trás
rufen chamar
ruhig calmo
Rundfahrt volta, a

S

Sache coisa, a
Sack saco
sagen dizer
Sand areia, a
sauber limpo
Schalter guiché, o
Schatten sombra, a
Scheck cheque, o
schenken oferecer
Scherz brinca deira, a
schicken enviar; mandar
schlafen dormir
schließen fechar
Schlüssel chave, a
Schluß fim, o
schmackhaft saboroso
schmecken saber
Schmerz dor, a
schmutzig sujo
schnell depressa *(Adv.)*; rápido *(Adj.)*
schön belo; bonito; lindo
schon já
schreiben escrever
schreien gritar
Schuh sapato, o
Schuld culpa, a
Schuß tiro, o
Schweiz Suíça
Schweizer suíço, o
schwer *(Gewicht)* pesado
schwer *(Krankheit)* grave
schwer *(schwierig)* difícil
Schwester irmã, a
Schwimmbad piscina, a
schwimmen nadar
See lago, o
sehen ver
sehr muito
Seife sabonete, o
seit desde
Seite lado, o
setzen pôr
sicher certo
Sicht vista, a
singen cantar
Sitz lugar, o
so assim
sofort imediatamente; já
Sohn filho, o
sollen dever
Sonne sol, o
spät tarde
Speise prato, o
Speisekarte lista, a
Spiegel espelho, o
spielen brincar; jogar
Sprache língua, a
sprechen falar
Staat Estado
Stadt cidade, a
Stadtplan planta, a
Stärke força, a
stark forte
statt em vez de
Staub pó, o
stechen picar
stehlen roubar
Stein pedra, a
stellen pôr
sterben morrer
Stern estrela, a
still quieto; tranquilo
Strafe castigo, o
Straße rua, a
Streichholz fósforo, o
Strick corda, a
Strom corrente, a
Student estudante, o
Studium estudo, o
Stück peça
Stuhl cadeira, a
Süden sul, o

T

Tabak tabaco, o
Tag dia, o
tanken meter gasolina
Tankstelle posto de gasolina
Tante tia, a
Tanz dança, a
tanzen dançar
Tasche bolso, o
tauchen mergulhar
tauschen trocar
Tee chá, o
Teil parte, a
Telefon telefone, o
telefonieren telefonar
Teller prato, o
teuer caro
tief fundo
Tier animal, o
Tisch mesa, a
Tochter filha, a
Tod morte, a
Toilette casa de banho
Tourist turista, o
traurig triste
treffen encontrar
trinken beber
Trinkgeld a gorjeta
Tür porta, a
tun fazer

U

übersetzen traduzir
überweisen transferir
üblich normal
Ufer margem, a
Uhr relógio, o
umarmen abraçar
umkehren voltar para trás
Umleitung desvio, o
umsteigen mudar de
umtauschen trocar
Unfall acidente, o
unglücklicherweise infelizmente
Unrecht haben não ter razão
unten em baixo
unterhalten, sich conversar
Unterschied diferença, a
Unterschrift assinatura, a
Unwetter tempestade, a
Urlaub férias, as
Ursache causa, a

V

Vater pai, o
verabreden, sich combinar
Verabredung encontro, o
verbieten proibir
verboten! proibido!
verdienen ganhar
Vergangenheit passado
vergessen esquecer
verheiratet *(mit)* casado *(com)*
Verkauf a venda
verkaufen vender
Verkehr trânsito, o
verlängern prolongar
verlangen pedir
verlassen deixar
verleihen emprestar
Verletzung ferida, a
verlieren perder
Verlobter noivo, o
Verlust perda, a
vermieten alugar
verrückt doido; louco
verschließen fechar à chave
versichern segurar
Versicherung seguro, o
verspäten, sich atrasar (-se)
Verspätung atraso, o
verstehen compreender
Vertrag contrato, o
Vertrauen confiança, a
viel muito
vielleicht talvez
Visum visto, o
Vogel *(groß)* ave, a
Vogel *(klein)* pássaro, o
Volk povo, o
voll cheio
vor *(räuml.)* diante de
vor *(zeitl.)* antes de
vorbeigehen passar
vorbestellen reservar
Vormittag manhã, a
vormittags de manhã
vorn à frente
Vorname prenome
vornehm distinto

Vorschlag proposta, a
Vorsicht cautela, a
vorstellen apresentar
vorwärts avante

W

Waage balança, a
während durante
Währung moeda, a
Wäscherei lavandaria, a
Wagen carro, o
Wahlen eleições, as
Wahrheit verdade, a
warten esperar
waschen lavar
Wasser água, a
Watte algodão, o
wecken acordar
Wecker despertador, o
Weg caminho, o
weg fora
wegen por causa de
weggehen ir-se embora
weh tun doer
weil - porque
weinen chorar
weiß branco
weit *(entfernt)* distante
weit *(nicht eng)* largo
weit *(Weg)* longo
Welt mundo, o
wenig pouco
wenigstens ao menos
wenn *(Bedingung)* se
wenn *(zeitlich)* quando
Werkstatt oficina, a
Werkzeug ferramenta, a
Wert valor, o
wertlos sem valor
Westen oeste, o
Wetter tempo, o
wichtig importante
wieder de novo
Wind vento, o
wissen saber
Witz graça
wohnen morar
Wohnort domicílio, o
Wohnung casa, a
Wolke nuvem, a
Wolldecke cobertor de lã, o
Wolle lã
wollen querer
Wort palavra, a
wünschen desejar; querer
wütend furioso
wunderbar maravilhoso
Wunsch desejo, o

Z

zählen contar
Zahl número, o
zahlbar pagável
zahlen pagar
zahlreich numeroso
Zahlung pagamento, o
Zahn dente, o
Zelt tenda
zelten fazer campismo
Zeltplatz parque de campismo
zentral central
Zentrum centro, o
zerbrechlich frágil
Zeuge testemunha, a
ziehen puxar
Ziel *(Reise-)* destino, o
Zigarette cigarro, o
Zigarre charuto, o
Zimmer quarto, o
Zoll alfândega, a
zu *(Richtung)* para
Zufall acaso, o
zufrieden contente
Zug comboio, o
Zukunft futuro, o
zumachen fechar
Zunge língua, a
zurückbringen trazer
zuschauen olhar
Zuschlag suplemento, o
zuviel de mais
Zwang obrigação, o
zwecklos inútil
Zweifel dúvida, a
zwischen entre

A

a nach *(räuml.)*
á direita rechts
à esquerda links
à frente vorn
aberto geöffnet, offen
abraçar umarmen
abre-latas, o Dosenöffner
abrir öffnen
acabar enden
acaso, o Zufall
achar finden
acidente, o Unfall
acompanhar begleiten
acordar wecken
advogado, o Anwalt
agência de viagens Reisebüro
agora jetzt, nun
agora mesmo eben *(zeitl.)*
agricultor, o Bauer
água, a Wasser
agulha, a Nadel
ainda noch
ajuda, a Hilfe
ajudar algo helfen, jdm.
aldeia, a Dorf
Alemanha, a Deutschland
alemão deutsch
alemão, o Deutscher
alfândega, a Zoll
algodão, o Baumwolle, Watte
alguma coisa *(irgend)* etwas
alguns einige
alimentação Nahrung
almoço, o Mittagessen
alto hoch
altura, a Höhe
alugar vermieten
amar lieben
amarelo gelb
ambos beide
amiga, a Freundin
amigo, o Freund
amor, o Liebe
amável freundlich
animal, o Tier
aniversário, o Geburtstag
ano, o Jahr
antes eher, früher
antes de vor, bevor *(zeitl.)*
ao menos wenigstens
apanhar fangen
apelido, o Familienname
apresentar vorstellen
apressado eilig
aqui hier
ar, o Luft
arbusto, o Busch
areia, a Sand
árvore, a Baum
assim so
assinatura, a Unterschrift
até bis
Atlântico Atlantik
atrasar *(-se)* verspäten *(sich)*
atraso, o Verspätung
atrás hinten
¦ustria, a Österreich
austríaco, o Österreicher
autocarro, o Bus
avante vorwärts
ave, a Vogel *(groß)*
avisar benachrichtigen
avó, a Großmutter
avô, o Großvater
azul blau

B

baixa-mar, a Ebbe
baixo niedrig
balança, a Waage
banco, o Bank
banho, o Bad
barato billig
barco Boot
barulho, o Lärm
bastante genug
baía, a Bucht
beber trinken
bebida, a Getränk
beijo, o Kuß
belo schön
bicicleta, a Fahrrad
bilhete, o Fahr-, Eintrittskarte
boca, a Mund
bolsa, a Beutel
bolso, o Tasche
bonito hübsch, schön
boíte, a Nachtlokal
branco weiß
breve kurz *(Zeit)*
brevemente demnächst
brinca deira, a Scherz
brincar spielen
buraco, o Loch

C

cabeça, a Kopf
cada jeder
cada vez jedesmal
cadeira, a Stuhl
caderno, o Heft
café, o Café, Kaffee
cair fallen
caixa, a Kasse, Kiste
calcular (be)rechnen
calmo ruhig
calor, o Hitze
cama, a Bett
câmbio, o Geldwechsel
caminho, o Weg
campismo, o Camping
cansado müde
cantar singen
canto, o Ecke
canção, a Lied
capital, a Hauptstadt
cara, a Gesicht
carne, a Fleisch
caro teuer
carro, o Auto, Wagen
carta Brief
carteira, a Brieftasche
casa, a Haus, Wohnung
casa de banho Toilette
casado *(com)* verheiratet *(mit)*
casal, o Ehepaar
castanho braun
castigo, o Strafe
causa, a Ursache
cautela, a Vorsicht
cedo früh
central zentral
centro, o Zentrum
cão, o Hund
certo gewiß, sicher
cerveja, a Bier
chamada, a Anruf
chamar rufen
charuto, o Zigarre
chave, a Schlüssel
chefe, o Chef, Kellner
chegada, a Ankunft
chegar ankommen, eintreffen
cheio voll
cheirar riechen
cheiro, o Geruch
cheque, o Scheck
chorar weinen
chuva Regen
chuveiro, o Dusche
chá, o Tee
cidade, a Stadt
cigarro, o Zigarette
cinema, o Kino
claro klar
cobertor de lã, o Wolldecke
cobrir bedecken
coisa, a Sache, Ding
com mit
combinar abmachen, verabreden
comboio, o Zug
comer essen
começar anfangen, beginnen
comida, a Essen
cómodo bequem
comprar kaufen
compreender verstehen
comprido lang
confiança, a Vertrauen
conhecer kennen
conhecido, o Bekannter
conselho, o Rat
constipação, a Erkältung
conta Rechnung
contar zählen, erzählen
contente froh, zufrieden
continuar fortsetzen
contrato, o Vertrag
conversa, a Gespräch
conversar sich unterhalten
cor, a Farbe
coração, o Herz
corda, a Strick
corpo, o Körper
correio, o Post
corrente, a Strom
costa, a Küste
cozinhar kochen *(Essen usw.)*
crer glauben
criança, a Kind
culpa, a Schuld
cumprimentar *(be)*grüßen
curto kurz *(Länge)*
custar kosten
custo, o Kosten

D

dança, a Tanz
dançar tanzen
data, a Datum
de... aus... *(Herkunft)*
de acordo einverstanden
de mais zuviel
de manhã morgens, vormittags

de nada *(Antw. auf Danke)*
de noite abends, nachts
de novo wieder
de repente plötzlich
de tarde nachmittags
deixar verlassen
dente, o Zahn
dentro innen, drinnen
dentro de innerhalb *(zeitl.)*
depois danach, nachher
depois de nach *(zeitl.)*
depósito de bagagens - Gepäckaufbewahrung
depressa *(Adv.)* schnell
descer hinuntergehen
desconhecido fremd
desconto, o Rabatt
desculpa, a Entschuldigung
desde seit
desejar wünschen
desejo, o Wunsch
despertador, o Wecker
destino, o Ziel *(Reise-)*
desvio, o Umleitung
dever sollen, müssen
dia, o Tag
diante de vor *(räuml.)*
diferença, a Unterschied
diffícil schwer (schwierig)
dinheiro, o Geld
direcção, a Richtung
direito, o Recht
distância, a Entfernung
distante weit *(entfernt)*
distinto vornehm
divisas, as Devisen
dizer sagen
doente krank
doença Krankheit
doer weh tun
doido verrückt
domicílio, o Wohnort
dor, a Schmerz
dormir schlafen
durante während
durar dauern
duro hart
dúvida, a Zweifel

E

eleições, as Wahlen
em in
em baixo unten
em casa daheim
em cima oben
em frente gegenüber, geradeaus
em parte nenhuma nirgends
em português auf portugiesisch
em vez de statt, anstatt
embaixada, a Botschaft
embrulhar einwickeln
empregado, o Angestellter
emprestar leihen, verleihen
encarnado rot
encher füllen
encomenda, a Bestellung, Paket
encomendar bestellen
encontrar finden, treffen, begegnen
encontro, o Verabredung
endereço, o Adresse
enganar-se sich irren
então also, dann
entrada, a Einfahrt, Eingang
entrar em betreten
entre zwischen
envelope, o Briefumschlag
enviar schicken
erro, o Irrtum
escrever schreiben
escritório, o Büro
escuro finster
espelho, o Spiegel
esperar hoffen, warten
esposa, a Ehefrau
esquecer vergessen
Estado Staat
estação central, a - Hauptbahnhof
estrada, a Landstraße
estrangeiro, o - Ausland, Ausländer
estreito eng
estrela, a Stern
estudante, o Student
estudar lernen
estudo, o Studium
eu ich
Europa Europa
exacto genau
excursão, a Ausflug
experiência, a Erfahrung
exportação, a Ausfuhr
exposição, a Ausstellung
exterior äußerlich

F

factura Rechnung
falar reden, sprechen
falso falsch
faltar fehlen
família, a Familie
farmácia, a Apotheke
fazer machen, tun
fazer campismo zelten
fazer compras einkaufen
fechado geschlossen, zu
fechar schließen, zumachen
fechar à chave verschließen
feio häßlich
férias, as Ferien, Urlaub
ferida, a Verletzung
ferramenta, a Werkzeug
ferver kochen *(Essen usw.)*
ficar bleiben
filha, a Tochter
filho, o Sohn
fim, o Ende, Schluß
fino dünn, fein
fio, o Faden
flor, a Blume
fogão, o Kocher
fogo, o Brand, Feuer
folha, a Blatt
fora außen, draußen, weg
forte stark
força, a Kraft, Stärke
fósforo, o Streichholz
freguês, o Kunde
fresco frisch, kühl
frio kalt
fronteira, a Grenze
fruta Obst
frágil zerbrechlich
fumar rauchen
fundo tief
furioso wütend
futuro, o Zukunft
fábrica, a Fabrik
fácil einfach, leicht

G

galo Hahn
ganhar gewinnen, verdienen
garagem, a Garage
garrafa, a Flasche
gasolina, a Benzin
gastar ausgeben
gelado, o Eis, Speise-
gente, a Leute
gordo dick, fett
gostar de algo jdn. lieb haben
gosto, o Geschmack
grave schwer *(Krankheit)*
graça Witz
gritar schreien
guiché, o Schalter

H

habitante, o Bewohner
hoje heute
homem, o Mensch
hortaliça, a Gemüse
hospital, o Krankenhaus
hospitalidade, a - Gastfreundschaft
húmido feucht
há es gibt
hábito, o Gewohnheit

I

idade, a Alter
igreja, a Kirche
igual gleich, egal
ilha, a Insel
imediatamente sofort
importante wichtig
incluído inbegriffen
infelizmente leider
informação, a Auskunft
Inglaterra, a England
inútil nutzlos, zwecklos
ir gehen, fahren
ir-se embora weggehen
irmã, a Schwester
irmão, o Bruder
isqueiro, o Feuerzeug

J

jantar, o Abendessen
jardim, o Garten
jogar spielen
jovem jung
juntar beifügen
junto beisammen
juntos gemeinsam
já sofort, gleich, schon, bereits

L

lado, o Seite
ladrão, o Dieb
lago, o See
largo breit, weit *(nicht eng)*
lavandaria, a Wäscherei
lavar waschen
lã Wolle
leite, o Milch
lembrança Andenken
lembrar-se sich erinnern
ler lesen
leste, o Osten
levar *(weg)*bringen, mitnehmen
leve leicht *(Gewicht)*
ligação, a Anschluß *(Zug)*
limpar putzen
limpo sauber
lindo hübsch,schön
lista, a Speisekarte
litro, o Liter
livro, o Buch
loja, a Geschäft, Laden
longo weit *(Weg)*
louco verrückt
lua, a Mond
lugar, o Ort, Sitz
luz, a Licht
língua, a Sprache, Zunge
lápis, o Bleistift

M

magnífico herrlich
magro mager
mais mehr
mala, a Koffer
mandar schicken
manhã, a Morgen, Vormittag
manteiga, a Butter
mapa, o Karte *(Land-)*
mar, o Meer
maravilhoso wunderbar
marcar buchen *(Platz)*
marco, o Mark, DM
margem, a Ufer
marido, o Ehemann
mau böse
medo, o Angst
meia-noite, a Mitternacht
meio halb
meio-dia, o Mittag
melhor besser
menina Fräulein
mentira, a Lüge
mão, a Hand
mercado, o Markt
mergulhar tauchen
mesa, a Tisch
mês, o Monat
metade, a Hälfte
meter gasolina tanken
metro, o Meter
minuto Minute
mochila, a Rucksack
moeda, a Währung
molhado naß
montanha, a Gebirge
monte, o Berg
morar wohnen
morrer sterben
morte, a Tod
mosca, a Fliege
mosquito, o Mücke
mota, a Motorrad
motor, o Motor
motorista, o Chauffeur
mudar ändern
mudar de umsteigen
muito sehr, viel
mulher, a Ehefrau
multa, a Geldstrafe
mundo, o Welt
música, a Musik
máquina fotográfica - Fotoapparat

N

nada nichts
nadar schwimmen
nascido geboren
natureza, a Natur
nação, a Nation
necessidade, a Notwendigkeit
não nein, nicht
não ter razão Unrecht haben
neto, o Enkel
nevoeiro, o Nebel
ninguém niemand
no máximo höchstens
noite, a Nacht
noivo, o Verlobter
nome, o Name
normal üblich
norte, o Norden
notícia, a Nachricht

novo neu
nublado bewölkt
número, o Nummer, Zahl
numeroso zahlreich
nunca nie
nuvem, a Wolke

O

o mesmo dasselbe
obrigação, o Zwang
óculos, os Brille
ocupado besetzt
oeste, o Westen
oferecer anbieten, schenken
oferta Angebot
oficina, a Werkstatt
olhar anschauen, zuschauen
ontem gestern
ou oder
Outono Herbst
outra vez ein andermal
outro andere(r)
ovo Ei

P

paciência, a Geduld
pagamento, o Zahlung
pagar zahlen, bezahlen
pagável zahlbar
pai, o Vater
pais, os Eltern
palavra, a Wort
papel, o Papier
para für, zu *(Richtung)*
para / a nach *(räuml.)*
para lá dorthin
para trás rückwärts
paragem, a Bushaltestelle
parar anhalten
parque de campismo, o - Zeltplatz
parque de estacionamento, o Parkplatz
parque, o Park
parte, a Teil
partida, a Abreise
partir *(para)* abreisen *(nach)*
passado Vergangenheit
passageiro, o Fahrgast
passagem, a Durchgang
passaporte, o *(Reise-)*Paß
passar vorbeigehen
paz, a Friede
pedido, o Bitte
pedir fordern, verlangen
pedra, a Stein
peixe, o Fisch
peixeiro, o Fischhändler
pele, a Haut
pelo menos mindestens
pensar *(em)* denken *(an)*
pão, o Brot
pequeno klein
pequeno almoço Frühstück
perda, a Verlust
perder verlieren
pergunta, a Frage
perguntar fragen
perigo Gefahr
perigoso gefährlich
permitir erlauben
perto nahe
pesado schwer *(Gewicht)*
pescador, o Fischer
pescar fischen
peso, o Gewicht
pessoa, a Person
peça Stück
picar stechen
piscina, a Schwimmbad
planta, a Pflanze, Stadtplan
pó, o Staub
poder können, dürfen
pois denn
polícia, a Polizei
ponte, a Brücke
pôr setzen, stellen, legen
por causa de wegen
por cento Prozent
por isso daher, deshalb
por mês monatlich
porque denn
porta, a Tür
porto, o Hafen
Portugal Portugal
português portugiesisch
portuguesa, o Portugiese
possuidor, o Besitzer
postal, o Ansichtskarte
posto de gasolina Tankstelle
pouco wenig
povo, o Volk
poço, o Brunnen
prato, o Speise, Teller
precisar de brauchen
preia-mar, a Flut

prenome Vorname
presente, o Geschenk
preço, o Preis
Primavera Frühling
primo, o Cousin
produto, o Erzeugnis
profissão, a Beruf
proibido! verboten!
proibir verbieten
prolongar verlängern
pronto bereit
pronúncia, a Aussprache
proposta, a Vorschlag
proprietário, o Eigentümer
próximo nächste
público öffentlich
puxar ziehen
pássaro, o Vogel (klein)
pátria, a Heimat

Q

qualidade, a Qualität
quando als, wenn *(zeitlich)*
quarto, o Zimmer
quase beinahe
que als *(Vergl.)*, daß
queijo, o Käse
quente heiß
querer wollen, wünschen
quieto still
quilo, o Kilogramm
quinta, a Landgut

R

rapariga, a Mädchen
rebocar abschleppen
receber bekommen, erhalten
recepção, a Empfang
recibo, o Quittung
redução, a Ermäßigung
refeição, a Mahlzeit
refresco, o Erfrischung
região, a Gebiet
relógio, o Uhr
renda, a Miete
reparação, a Reparatur
repartição, a Amt
rés-do-chão, o Erdgeschoß
reservar vorbestellen
responder antworten
responder a beantworten
resposta, a Antwort
restaurante, o Restaurant
rico reich
rio, o Fluß
rir lachen
risco, o Risiko
rolo, o Film *(Foto)*
roubar stehlen
roubo, o Diebstahl
rua, a Straße
rápido schnell

S

saber wissen, schmecken
sabonete, o Seife
saboroso schmackhaft
saco Sack
salvar retten
sapato, o Schuh
saúde, a Gesundheit
saída, a Ausgang
se ob, wenn *(Bedingung)*
se faz favor bitte
seco dürr
sede, a Durst
segurar versichern
seguro, o Versicherung
selo, o Briefmarke
sem respeito rücksichtslos
sem valor wertlos
sempre immer
senhora, a Dame
senhor, o Herr
sentir fühlen
ser de gehören
serra, a Gebirge
serviço Bedienung
sim ja
situação, a Lage
só nur
sobre auf *(Präp.)*
sobrinha, a Nichte
sobrinho, o Neffe
sol, o Sonne
solteiro ledig
solteiro, o Junggeselle
som, o Klang
sombra, a Schatten
sozinho allein
suave mild

subir einsteigen, hinaufgehen
sujo schmutzig
sul, o Süden
suplemento, o Zuschlag
Suíça Schweiz
suíço, o Schweizer

T

tabaco, o Tabak
talvez vielleicht, eventuell
também auch
tarde spät
tarde, a Nachmittag, Abend
telefonar anrufen, telefonieren
telefone, o Telefon
televisão, a Fernsehen
telhado, o Dach
tempestade, a Unwetter
tempo, o Wetter
tenda Zelt
ter de müssen
ter fome hungrig sein
ter frio frieren
ter pressa es eilig haben
ter sede durstig sein
terminar beenden
testemunha, a Zeuge
tia, a Tante
tio, o Onkel
tiro, o Schuß
tomar nehmen
tomar banho baden
trabalhar arbeiten
trabalho, o Arbeit
traduzir übersetzen
tranquilo still
transferir überweisen
trânsito, o Verkehr
transportar befördern
trazer *(her-, mit)*bringen
triste traurig
trocar *(aus-, um)*tauschen
trovoada, a Gewitter
tudo alles
turista, o Tourist

U

um pouco ein bißchen
único einzig
urgente dringend
usar gebrauchen
útil nützlich

V

valor, o Wert
vela, a Kerze
velho alt
velocidade, a Geschwindigkeit
venda, a - Verkauf
vender verkaufen
veneno, o Gift
venenoso giftig
vento, o Wind
ver sehen
verdade, a Wahrheit
verde grün
vermelho rot
vestido, o Kleid
vestuário, o Kleidung
via, a Gleis
viagem, a Reise, Fahrt
vida, a Leben
vir kommen
visita, a Besuch
visitar besichtigen, besuchen
vista, a Sicht, Aussicht
visto, o Visum
viver leben
vizinho, o Nachbar
volta, a Rundfahrt
voltar para trás umkehren
válido gültig

Der Autor

Jürg Konrad Ottinger,
Betriebsökonom HWV,
wurde in Zürich geboren.

„1982 habe ich Zürich endgültig verlassen und wohne seither in einem alten Haus in Portugal, das ich renoviert habe. Das milde Klima, ein einfaches Niederlassungsverfahren und die Tatsache, daß die Gegend, in der ich wohne, touristisch noch nicht so überlaufen ist, haben meinen Entschluß zu bleiben, vereinfacht.

Fremde Sprachen faszinieren mich. Besonderes Talent dazu habe ich leider nicht. Im Lande selber fällt das Lernen aber viel leichter als zu Hause.

Nebst Gartenarbeiten, Tierhaltung und einem kleinen Pensionsbetrieb bleiben mir und meiner Freundin plus Kindern glücklicherweise noch genug Zeit, um die Schönheiten Portugals zu genießen, Billard zu spielen, zu lesen ...

Ich wünsche viel Erfolg beim Erlernen der portugiesischen Sprache!“